Wer sieht was? Ordne zu.

Ansichten

So zeichnest du zu dem Gebäude alle Seitenansichten.

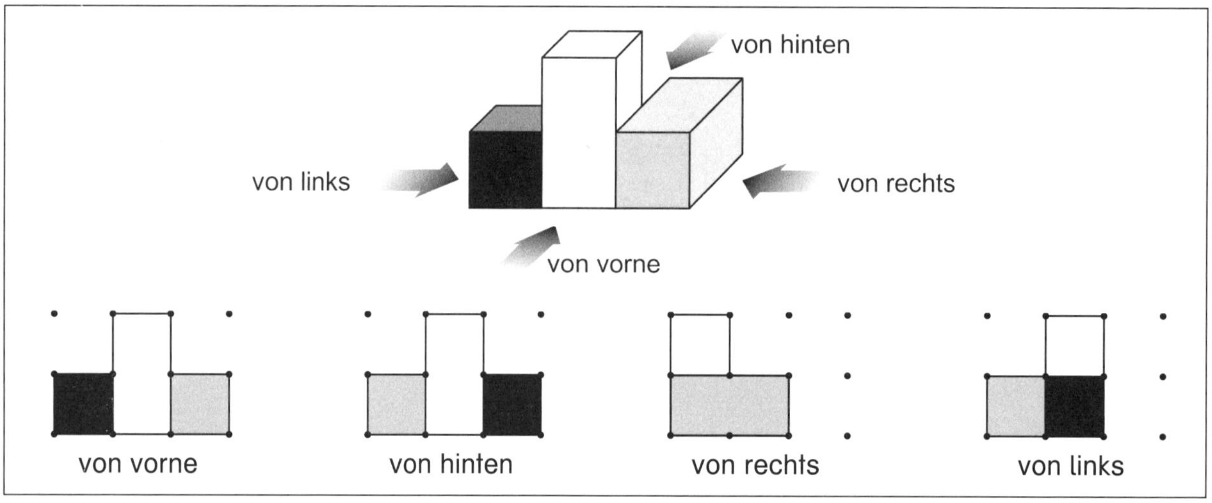

1. Baue nach und zeichne die Seitenansichten auf. Nutze das Punktegitter auf Seite 45.

2. Gib an, von welcher Seite das Gebäude jeweils gezeichnet ist.

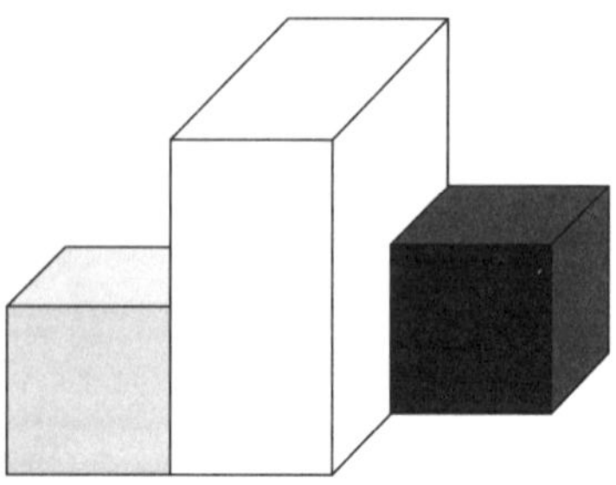

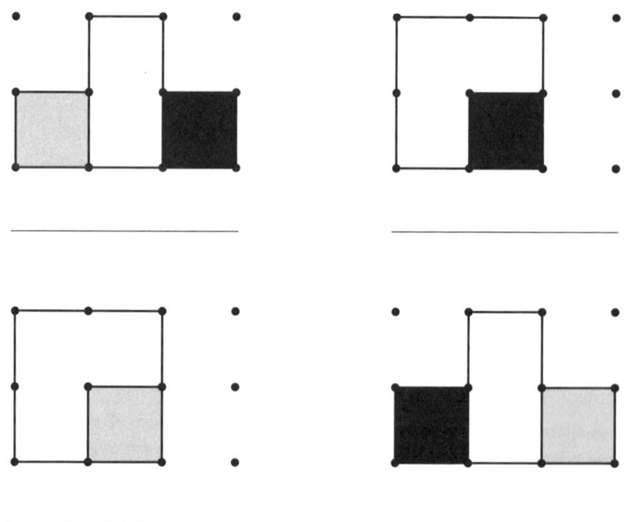

3. Zeichne zu diesem Gebäude Seitenansichten.

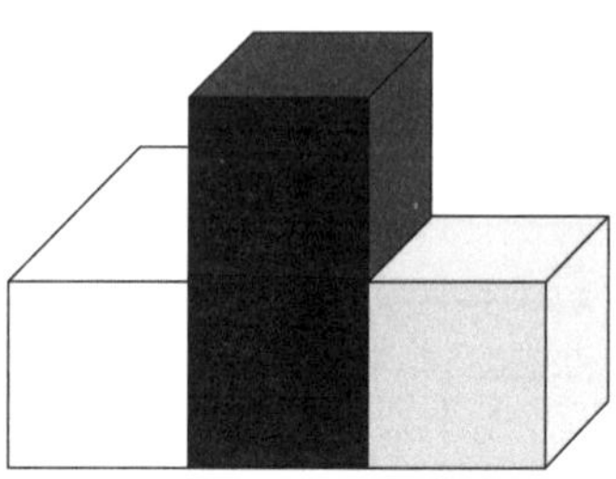

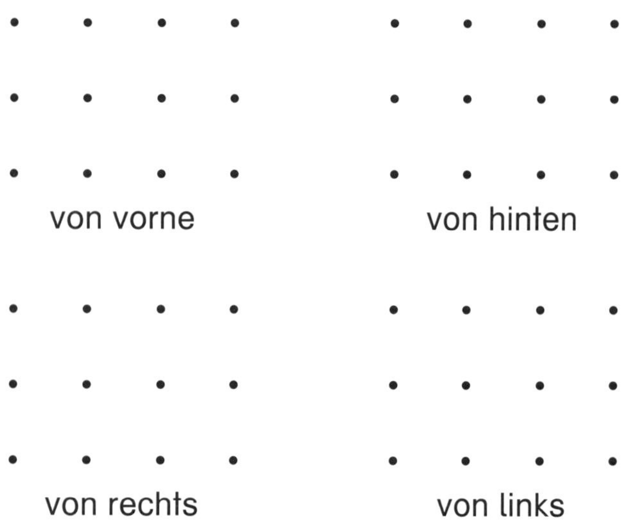

Rechte Winkel

So zeichnest du mit dem Geodreieck zueinander senkrechte Geraden.

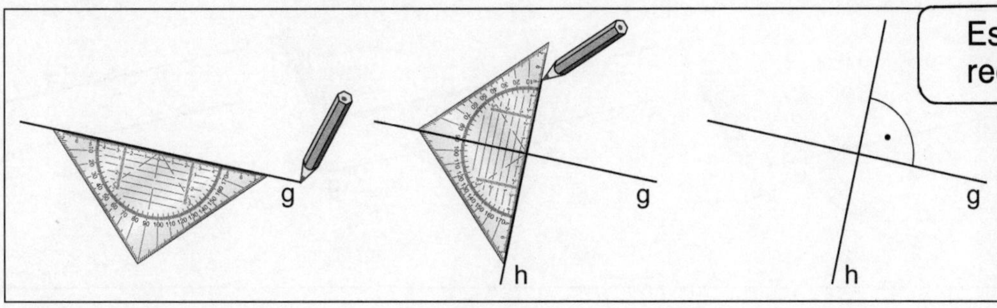

1. Zeichne mit dem Geodreieck drei Geraden a, b und c, die zur Geraden g senkrecht sind.

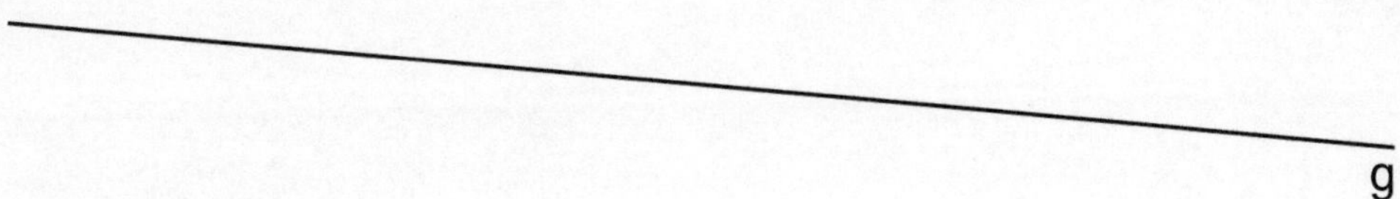

2. a) Zeichne rechte Winkel und kennzeichne sie.

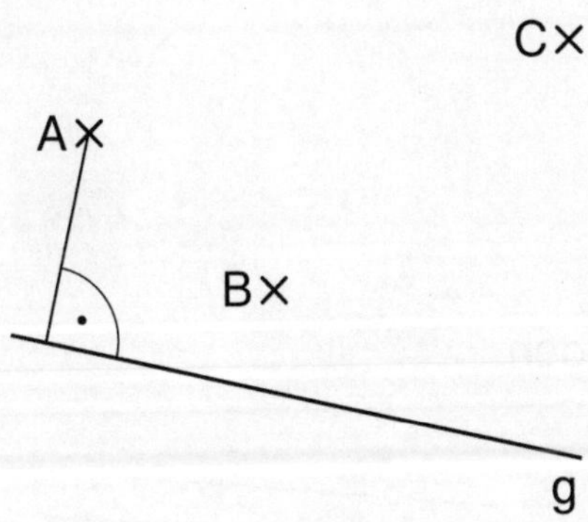

b) Verbinde die Punkte. Kennzeichne rechte Winkel.

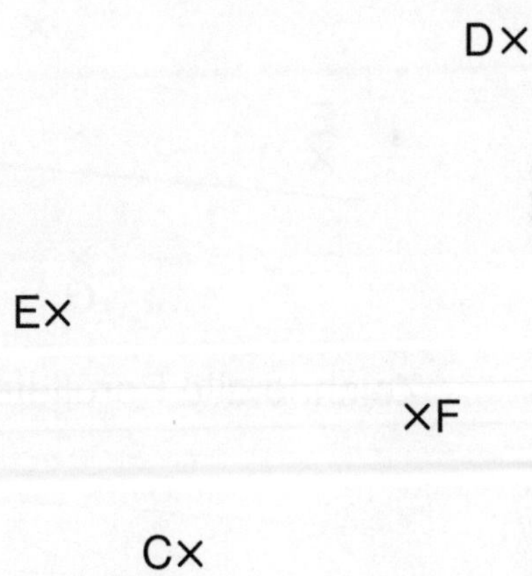

3. Kennzeichne rechte Winkel mit 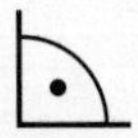 .

a) 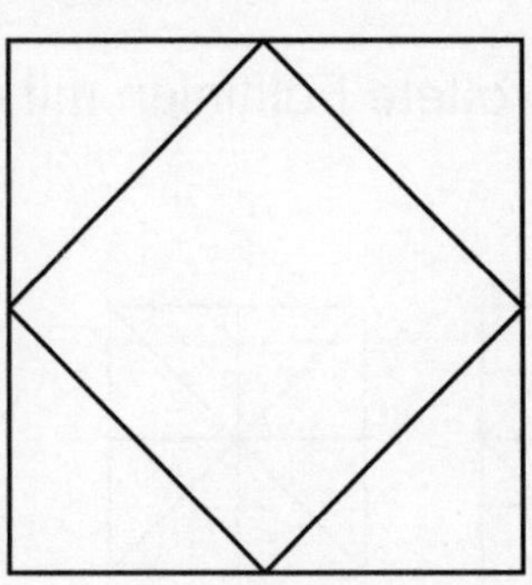

b) 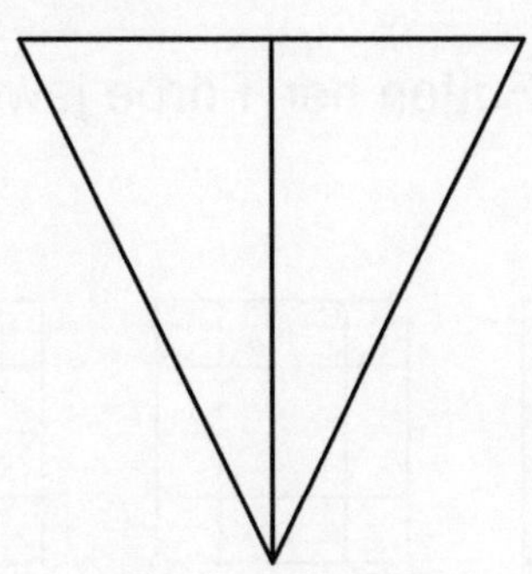

c) 

So zeichnest du parallele Geraden mit dem Geodreieck.

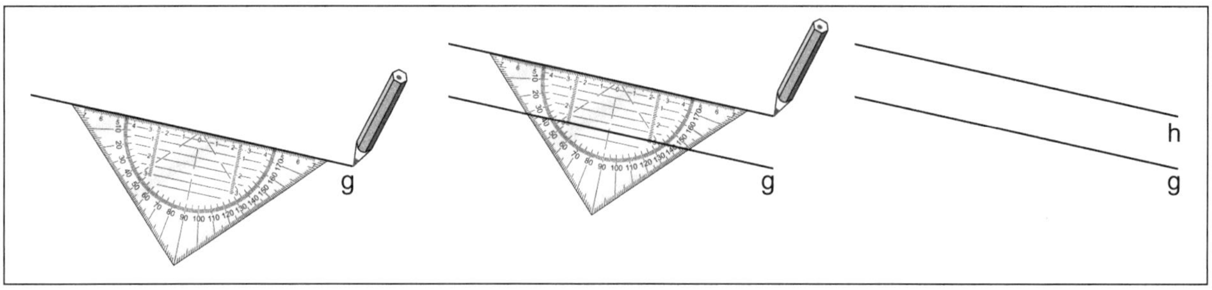

1. Zeichne mit dem Geodreieck vier Geraden a, e, f und o, die zur Geraden g parallel sind.

2. a) Zeichne drei parallele Geraden zu h. Sie sollen durch die Punkte E, F und G gehen.

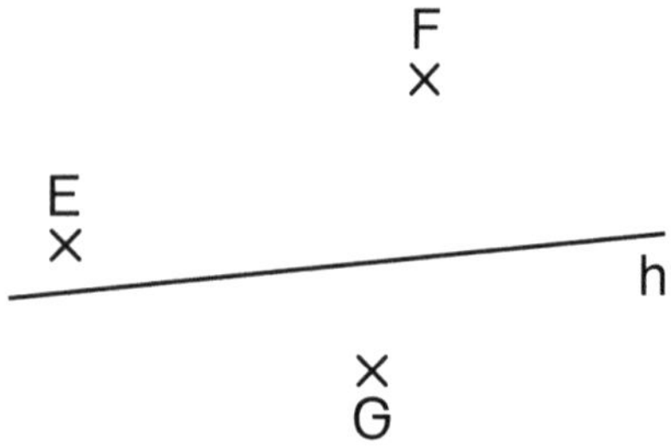

b) Zeichne drei parallele Geraden zu e im Abstand von 1 cm, 2 cm und 3 cm.

3. Zeichne alle Parallelen zur Geraden a blau nach.

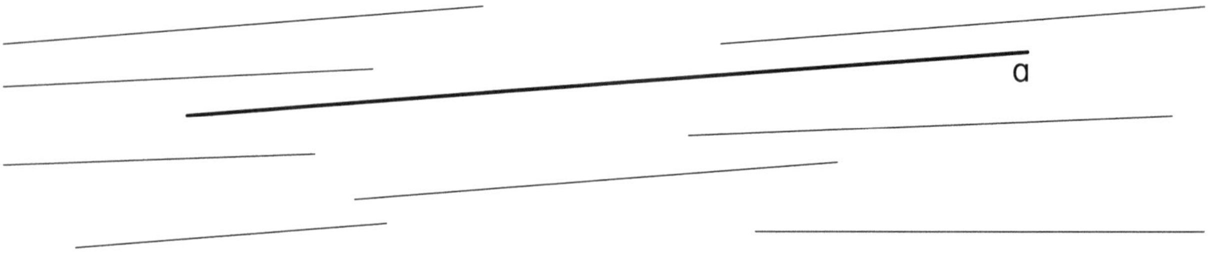

4. Stelle die Muster durch Falten her. Färbe jeweils parallele Faltlinien mit gleicher Farbe.

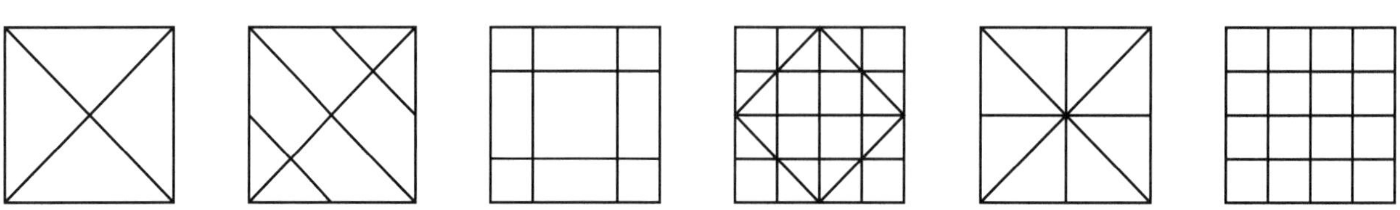

Parallele Geraden erkennen, zeichnen und kennzeichnen; Faltfiguren herstellen

1. Welche Figuren sind Parallelogramme?

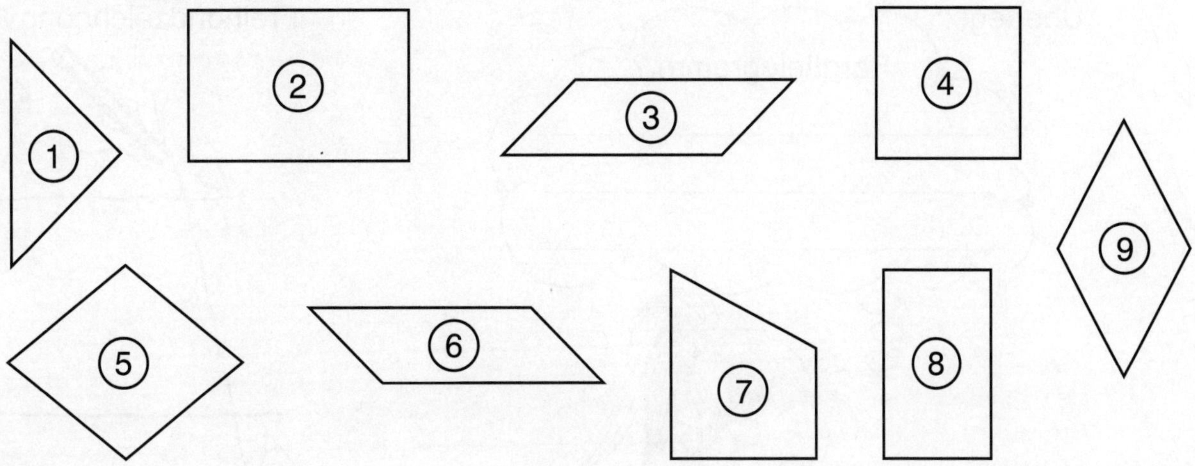

Die Figuren ______________ sind Parallelogramme, weil die gegenüberliegenden Seiten zueinander ______________________ und ______________________ sind.

2. Vervollständige zu Parallelogrammen.

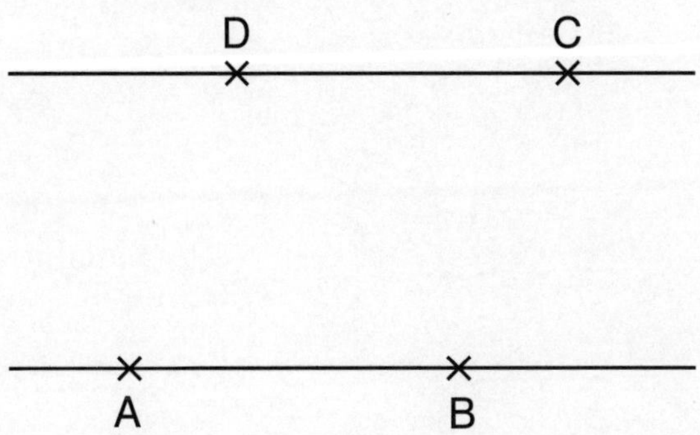

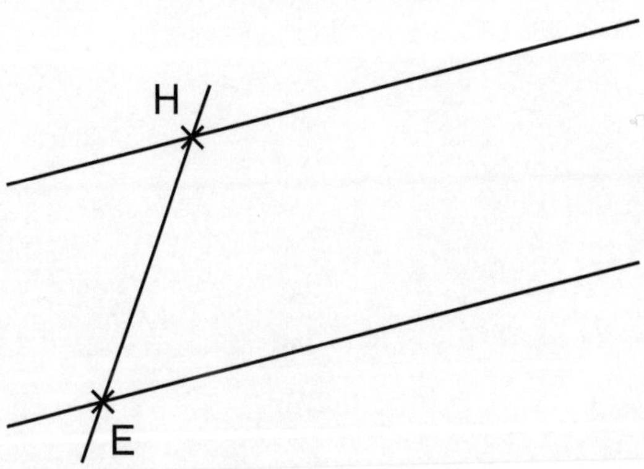

3. Zeichne Parallelogramme.

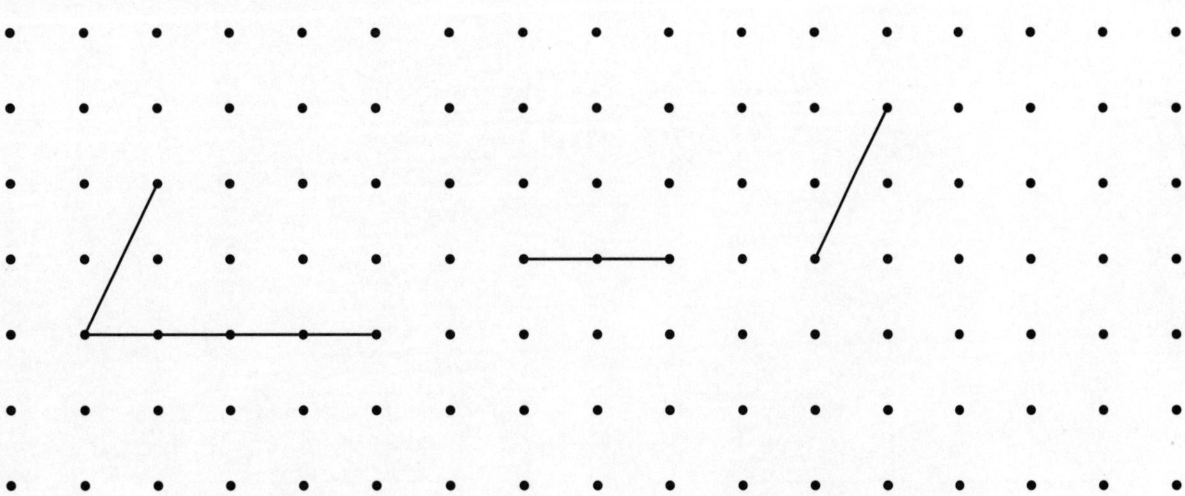

Parallelogramme

1. Zeichne Parallelogramme mit Lineal und Geo-Dreieck.

Überlege:

Freihandzeichnung (Skizze):

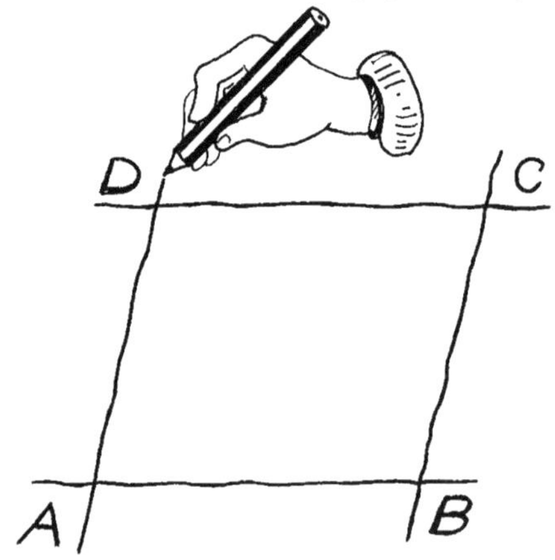

Zeichne:

2. Zeichne Parallelogramme. Überlege und skizziere vorher.

Punkte: ____ | **3**

1. Zeichne ein Quadrat ABCD.

Überlege:

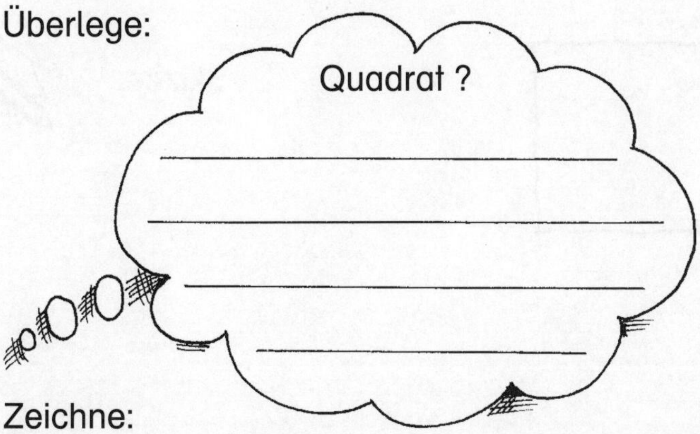

Freihandzeichnung (Skizze):

Zeichne:

2. Zeichne Quadrate.

a) Eine Seite ist 2 cm lang.

Skizze:

Zeichne:

b) Eine Seite ist 35 mm lang.

Skizze:

Zeichne:

Rechtecke

1. Zeichne ein Rechteck ABCD.

Überlege:

Skizze:

Zeichne:

2. Zeichne Rechtecke.

a) Länge 4 cm, Breite 3 cm

b) Länge 60 mm, Breite 25 mm

3. Was ist richtig, was ist falsch? Kreuze an.

Jedes Quadrat ist ein Rechteck.
richtig ◯
falsch ◯

Im Rechteck sind alle Seiten gleich lang.
richtig ◯ falsch ◯

Im Rechteck sind die gegenüberliegenden Seiten zueinander parallel.
richtig ◯ falsch ◯

Jedes Rechteck ist ein Quadrat.
richtig ◯ falsch ◯

Im Rechteck sind die gegenüberliegenden Seiten gleich lang.
richtig ◯ falsch ◯

Punkte: _____ | 3

Rechtecke beschreiben, skizzieren und zeichnen; Wahrheitsgehalt von Aussagen über Rechtecke erkennen

1. Zeichne in jede Figur eine Gerade so ein, dass die angegebenen Formen entstehen.

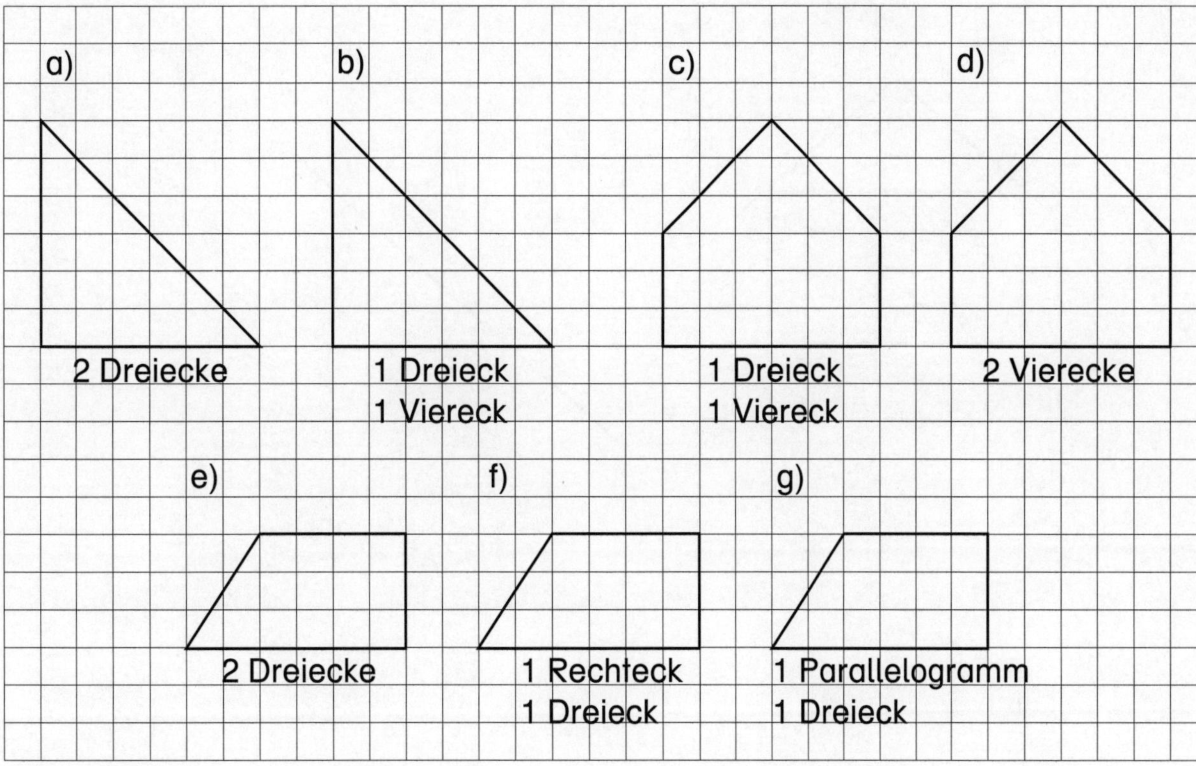

2. Ergänze die Figuren so, dass

a) ein Rechteck,
b) ein Dreieck,
c) ein Quadrat,
d) ein Parallelogramm

entsteht.

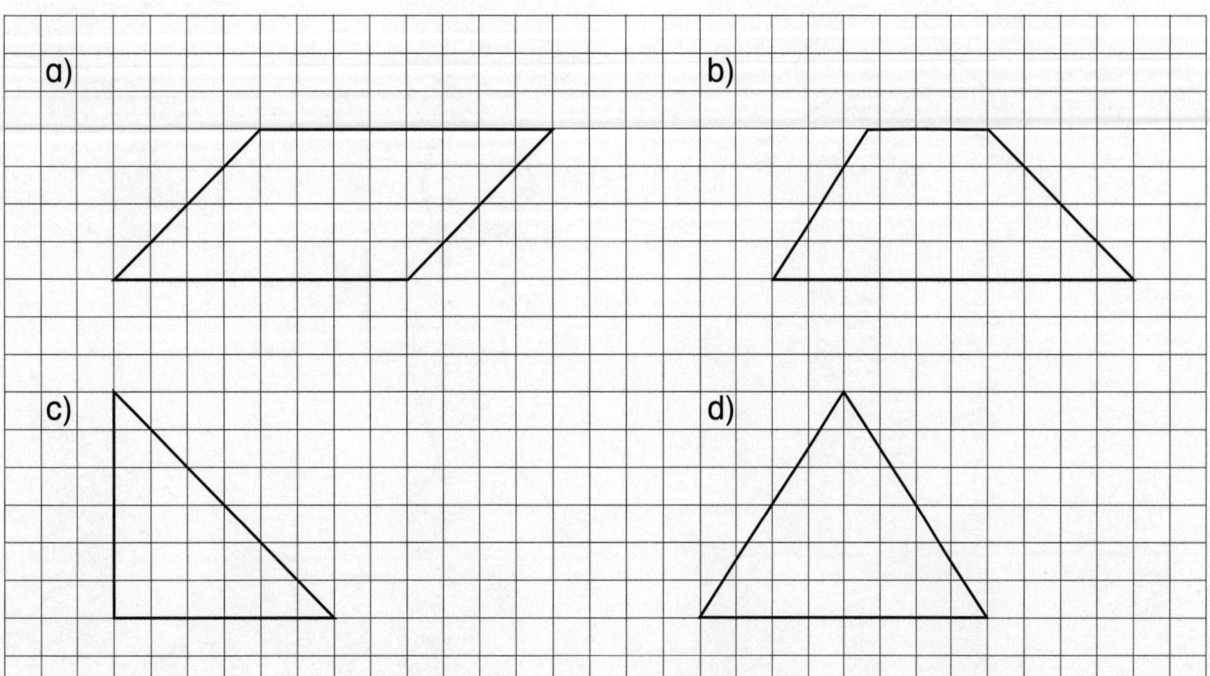

Vergrößerung – Verkleinerung

1. Vergrößere die Figur, indem du sie in das große Gitternetz zeichnest.

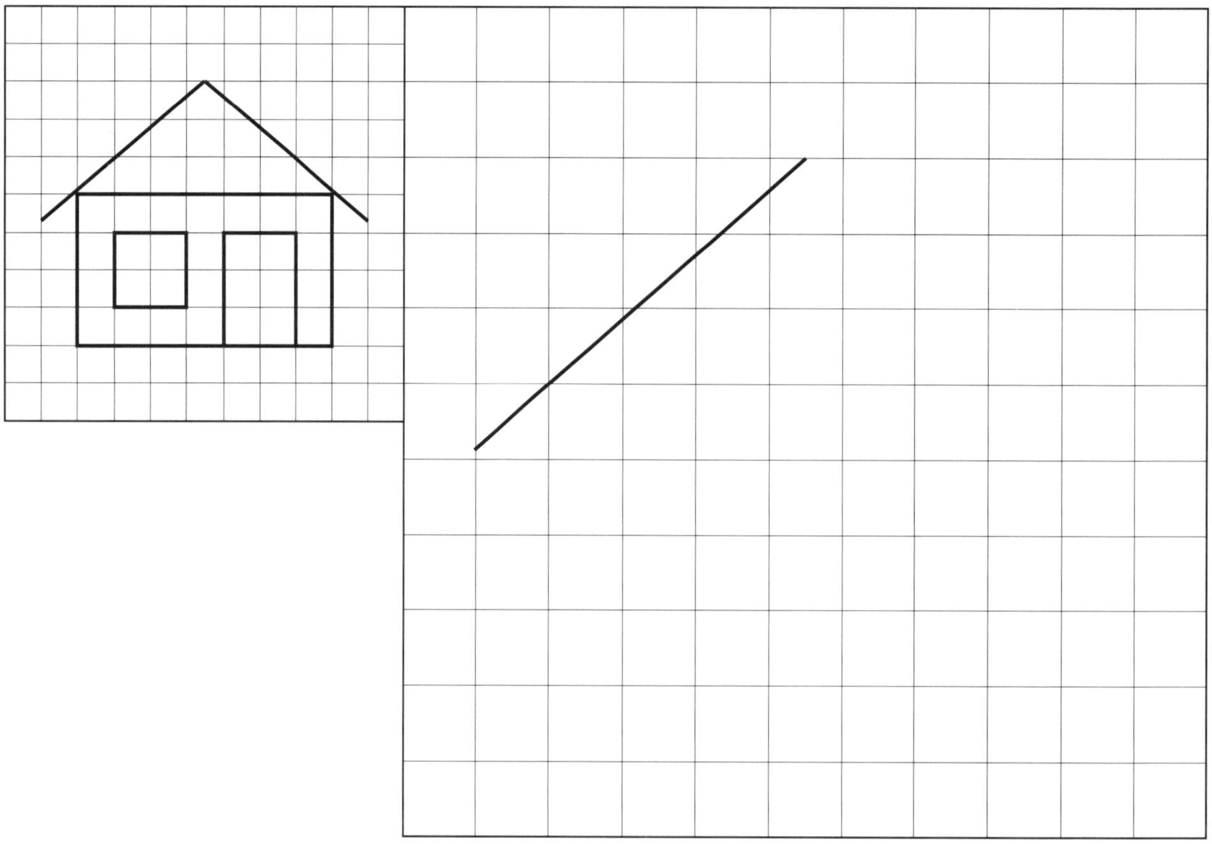

2. Verkleinere die Figuren, indem du sie in das kleine Gitternetz zeichnest.

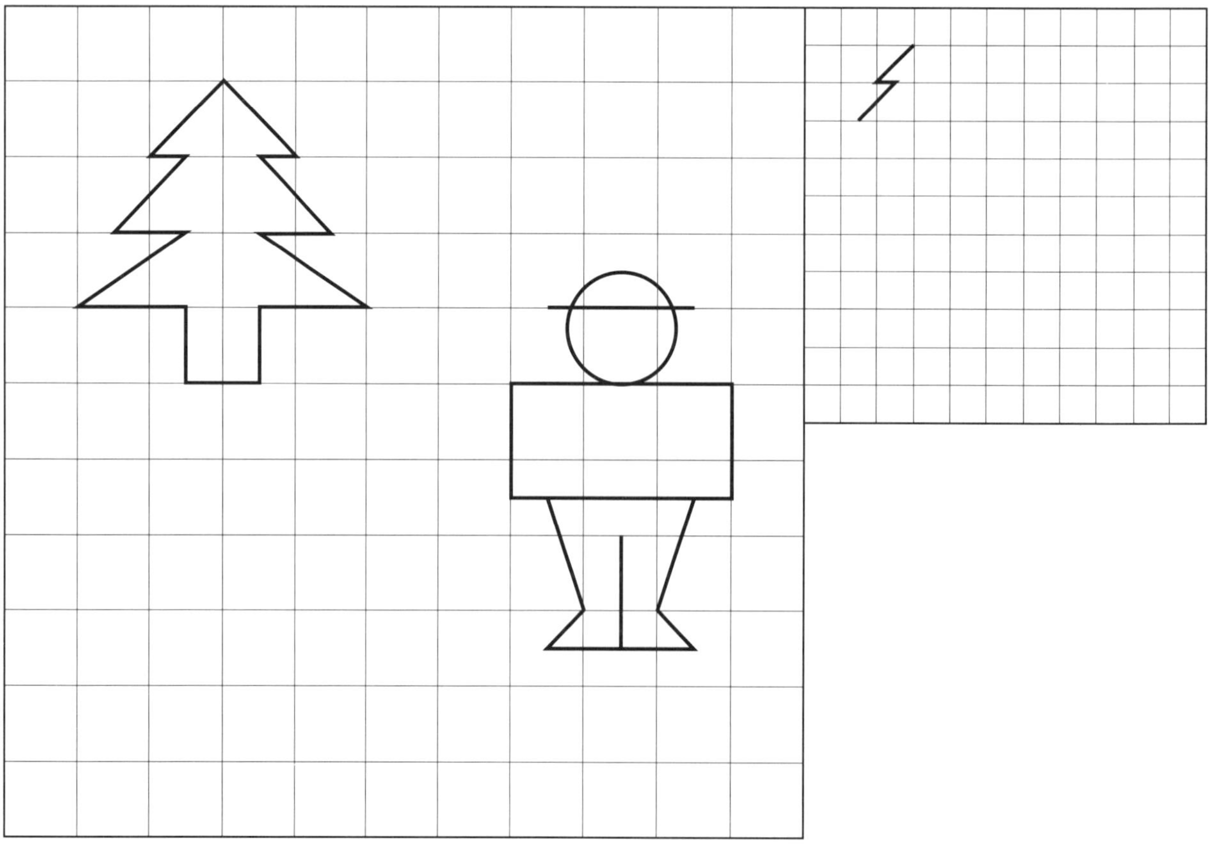

Punkte: ____ | 3

1. Lege mit Plättchen aus. Lege dann das Spiegelbild.

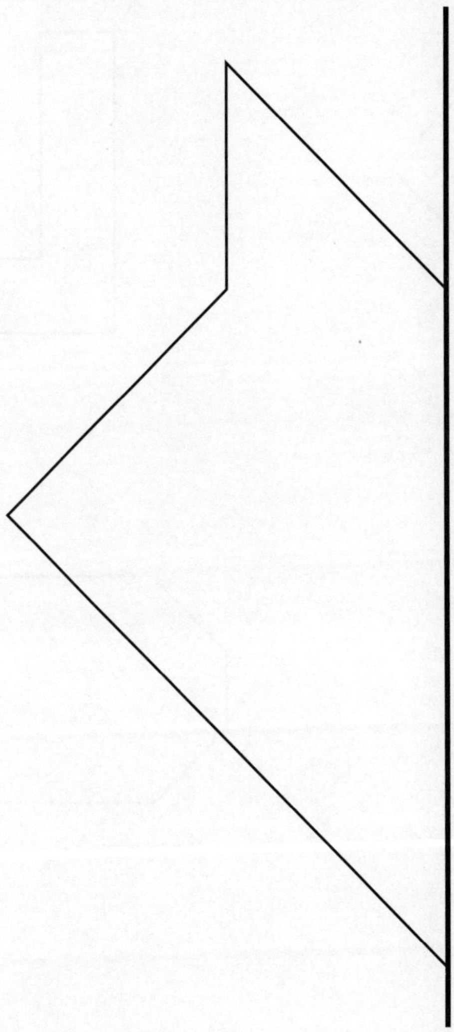

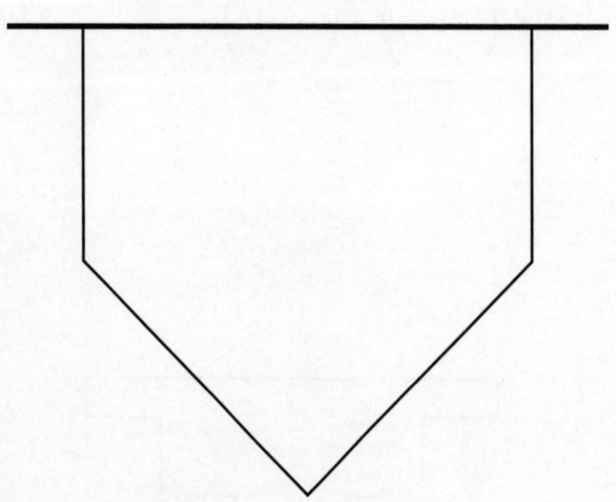

2. Lege weitere symmetrische Figuren

a) aus 6 Dreiecken und 2 Quadraten,

b) aus 8 Dreiecken.

Denke dir selbst Figuren aus und lege ihre Spiegelbilder.

Zeichne Symmetrieachsen ein.

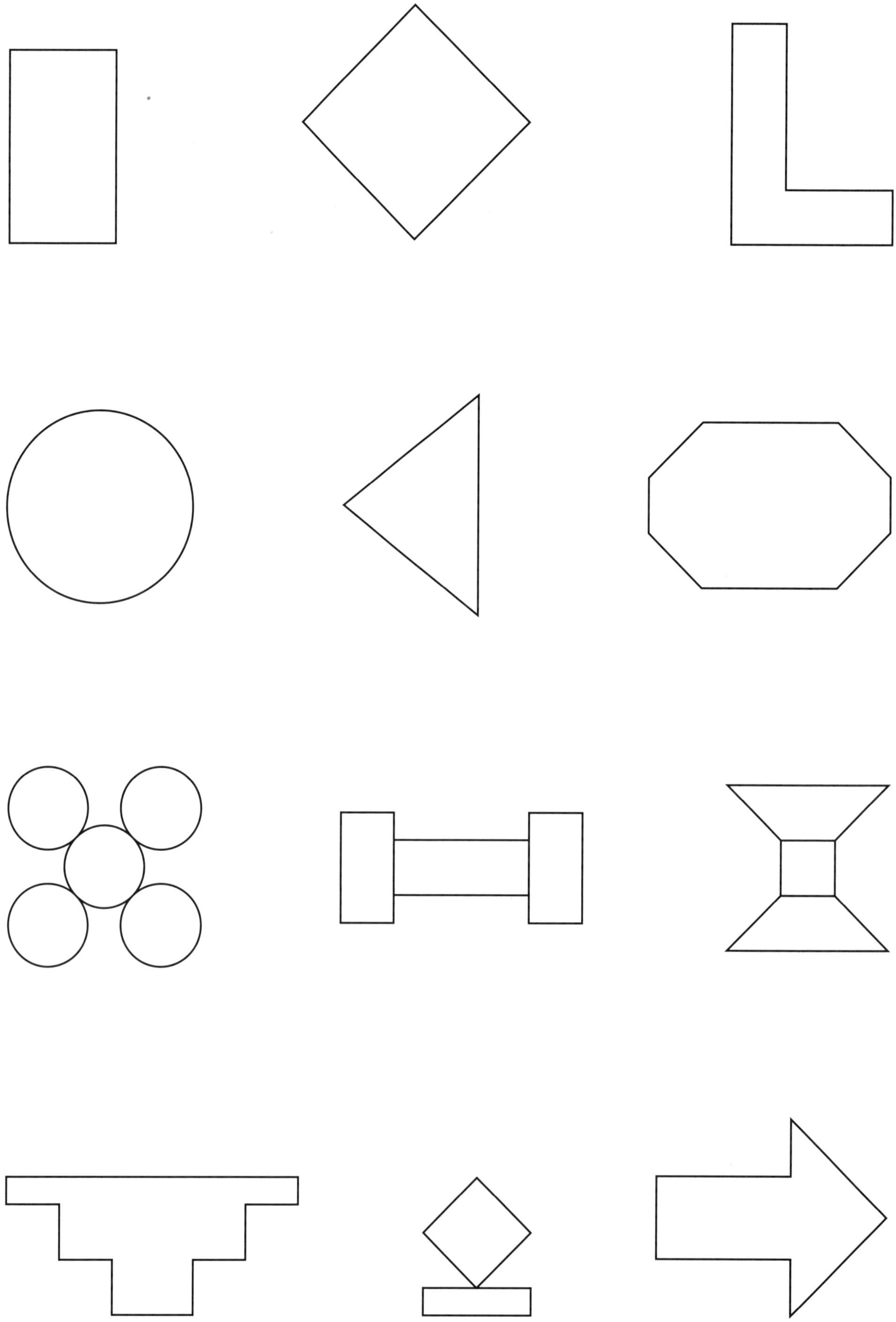

Zeichne die Spiegelbilder.

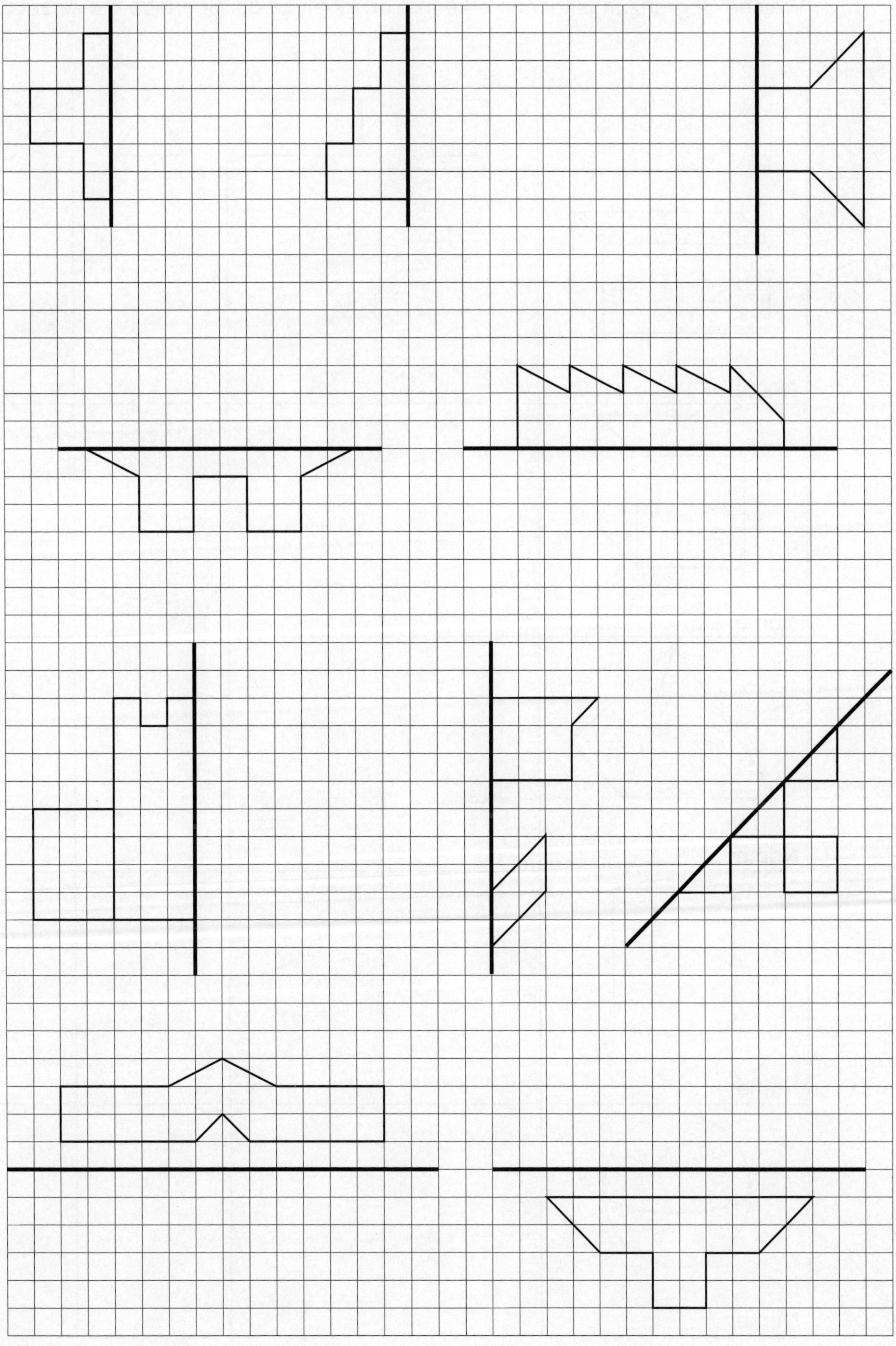

Körper

Trage die Namen der geometrischen Körper ein.

Welche Begrenzungsflächen erkennst du? Kreuze an. Schreibe die Anzahl dazu.

	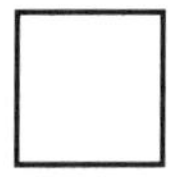	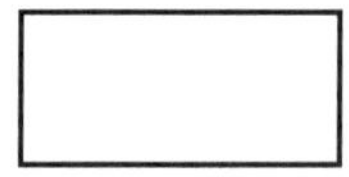	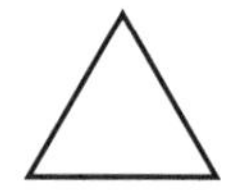	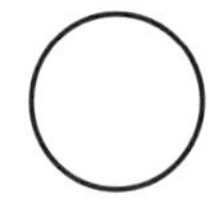
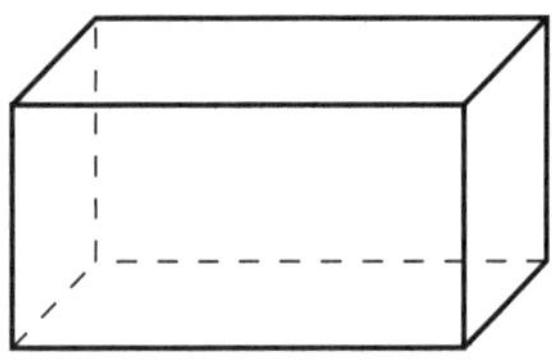 Name: ______				
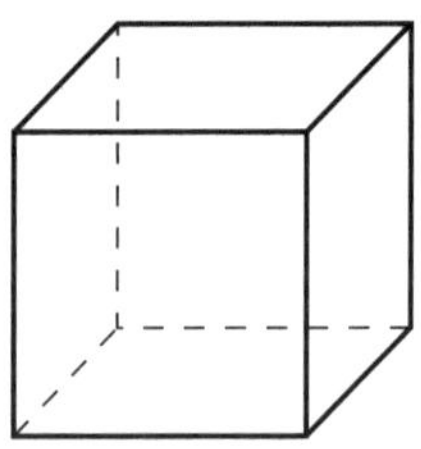 Name: ______				
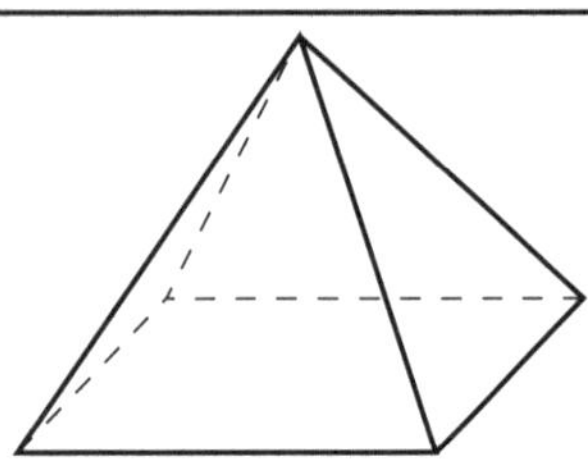 Name: ______				
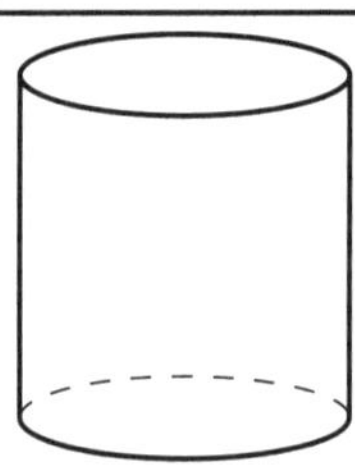 Name: ______				
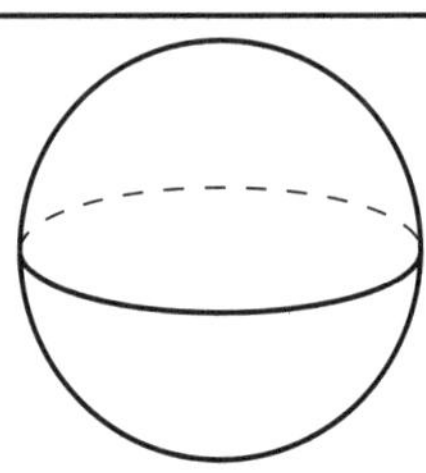 Name: ______				

1. Zu welchen geometrischen Körpern kann man die Teile zusammensetzen?
Ordne zu und trage die Namen der Körper ein.

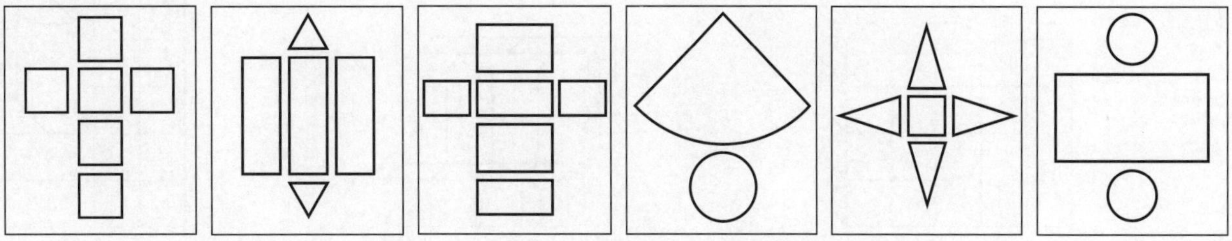

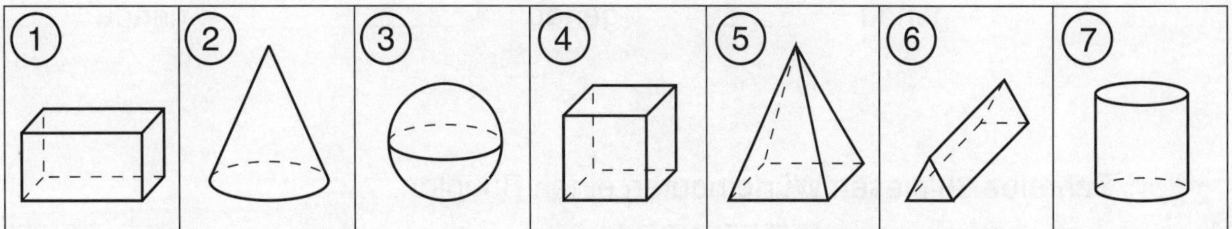

2. Zu welchen Körpern passen die Beschreibungen?
Trage die Zahlen aus Aufgabe 1 ein.

Ich habe 6 gleich große quadratische Flächen, 12 Kanten und 8 Ecken.		Ich habe weder Ecken noch Kanten.	
Ich habe 3 Flächen: 2 gleich große Kreisflächen und eine gekrümmte Fläche.		Ich habe 12 Kanten und 8 Ecken. Meine gegenüberliegenden Flächen sind gleich große Rechtecke.	
Ich habe eine Kreisfläche und eine gekrümmte Fläche.		Ich habe eine viereckige Grundfläche, meine 4 Seitenflächen sind dreieckig.	
Meiner Grundfläche liegt eine Spitze gegenüber.		Ich kann nur rollen.	
Ich kann rollen und kippen.		Ich habe 9 Kanten, 3 rechteckige und 2 dreieckige Flächen.	

Punkte: ____ | 4

Würfelbauten

1. Wie viele Würfel sind es? Schätze zuerst.

a)

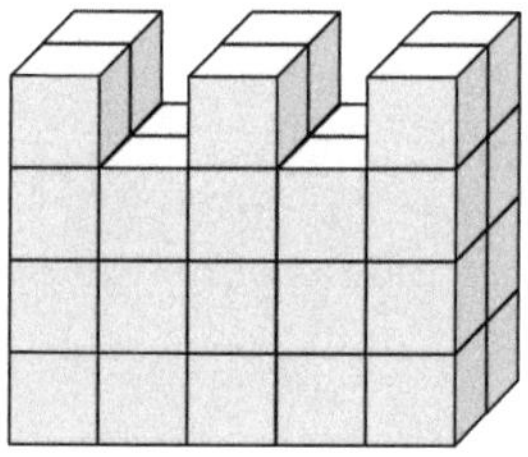

Würfel: geschätzt ______

genau ______

b)

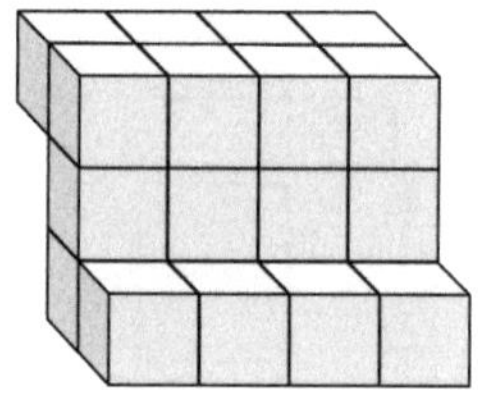

geschätzt ______

genau ______

c)

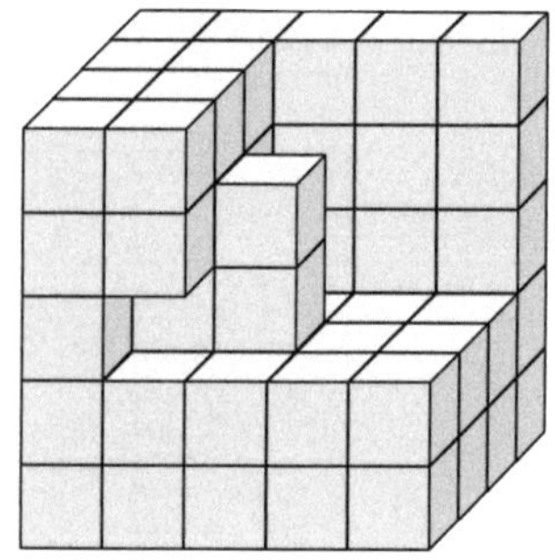

geschätzt ______

genau ______

2. Schreibe zu diesen Würfelbauten einen Bauplan.

a)

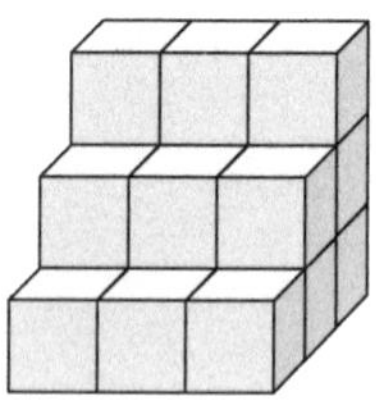

b)

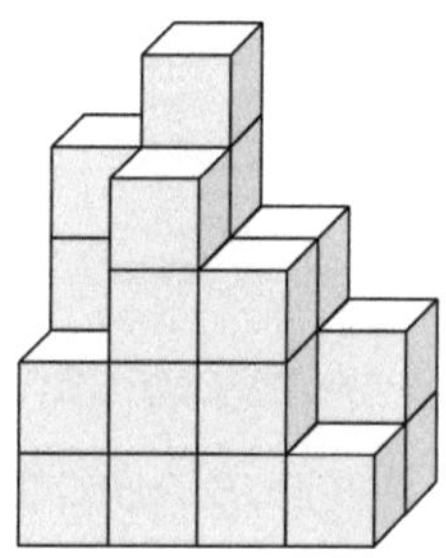

3. Baue nach diesen Plänen.

a)

	1	1	1		
	2	2	2		
	3	3	3		

b)

		1			
1	1	4	2	2	
		3			
		2			

c)

		2	1	1	
		3			
2	2	4			
		1			

4. Welches Bauwerk gehört zum Plan? Kreuze an.

4	5	4	5
3	4	3	4
1	2	1	2

☐

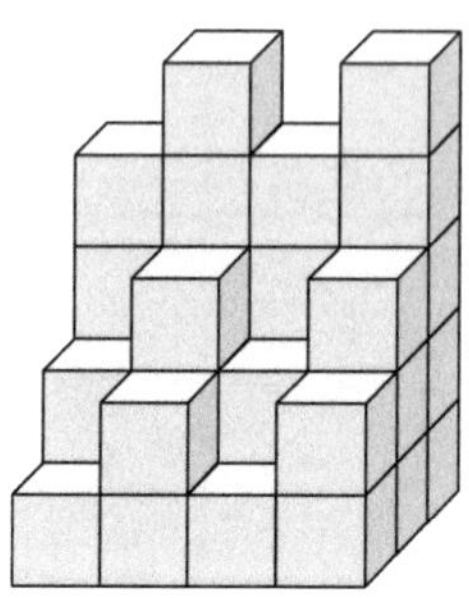

☐

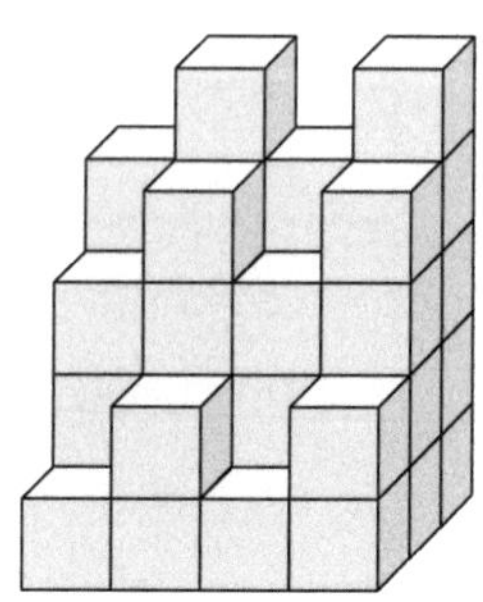

Anzahl der Würfel schätzen und bestimmen; Baupläne erstellen; Würfelbauten erkennen und nachbauen

1. Zeichne zwei Quadrate mit der Seitenlänge 2 cm so, dass sie

a) einen Punkt,
b) zwei Punkte,
c) vier Punkte und
d) acht Punkte gemeinsam haben.

2. a) Wie viele Quadrate erkennst du im Bild?

___

b) Erkennst du noch andere geometrische Figuren? Wie viele sind es?

___

___

c) Trage mögliche Spiegelachsen farbig ein.

3. Zeichne 4 Geraden so, dass jeder Punkt auf mindestens einer dieser Geraden liegt. Keine Gerade darf zur anderen parallel sein.

4. Zeichne die folgende Figur ohne abzusetzen.

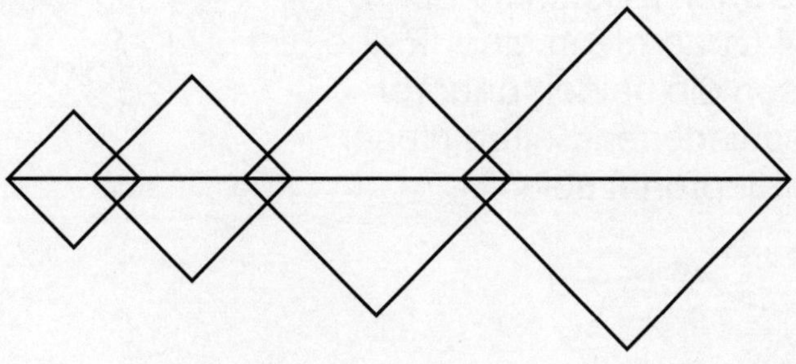

Quadrate erkennen und zeichnen; Geraden durch vorgegebene Punkte zeichnen

Punkte: ____ | 4

Würfelnetze

Welche Figuren stellen das Netz eines Würfels dar? Kreuze an.

a) ☐

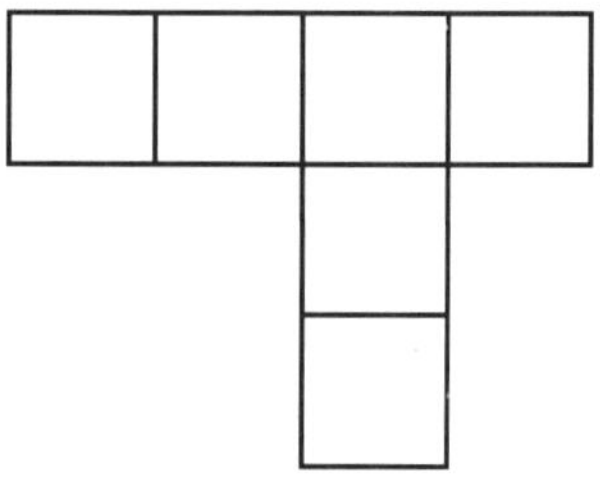

b) ☐

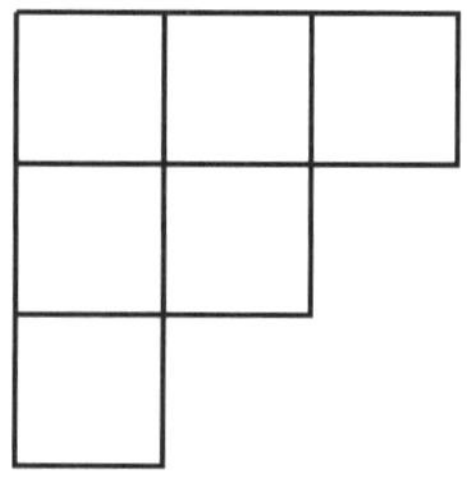

c) ☐

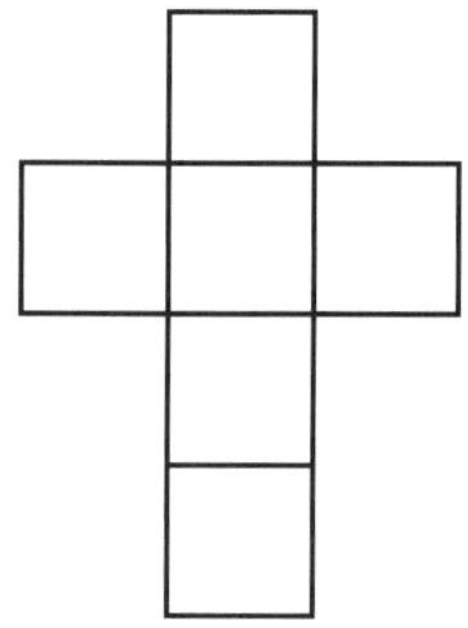

d) ☐

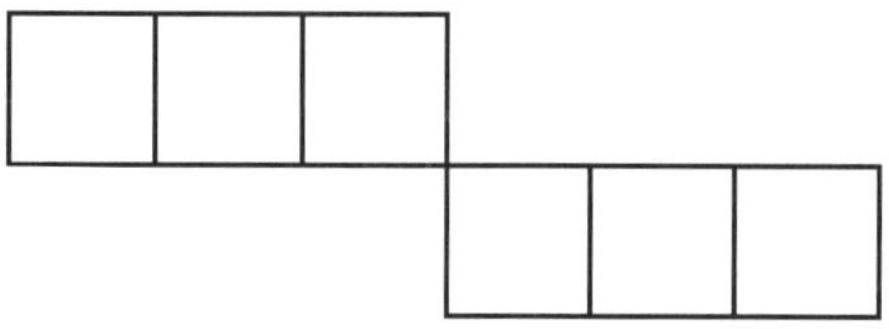

e) ☐

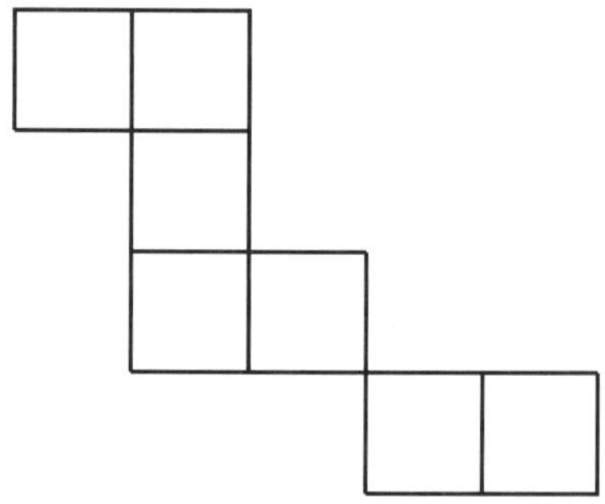

f) ☐

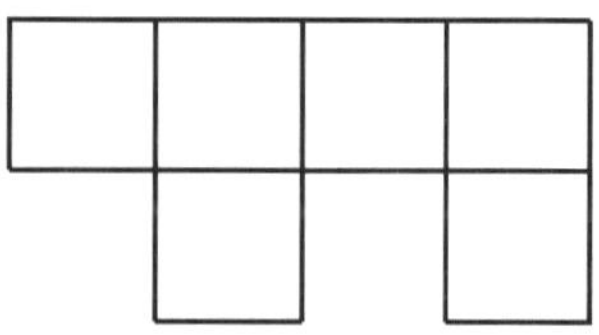

g) ☐

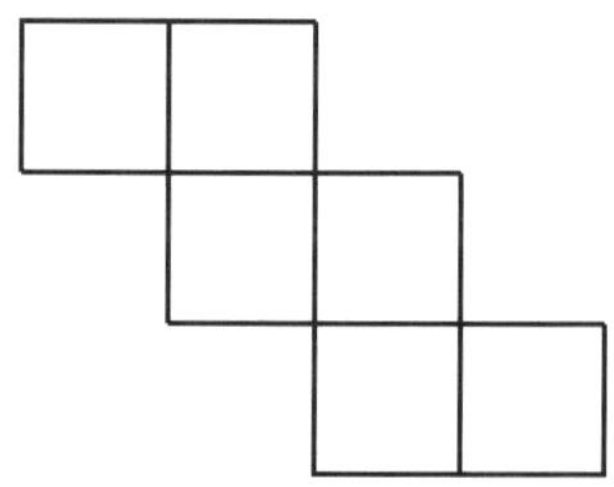

h) ☐

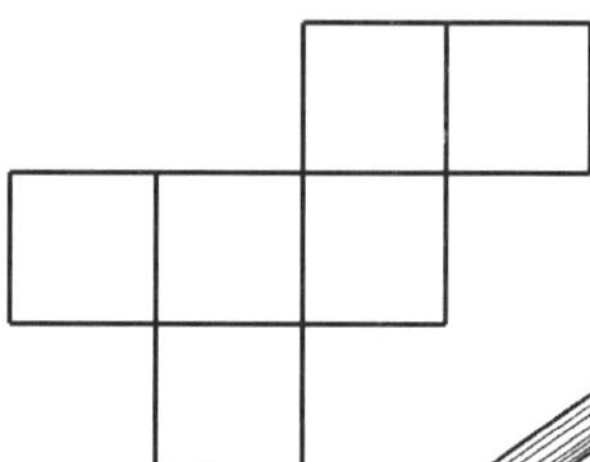

i) ☐

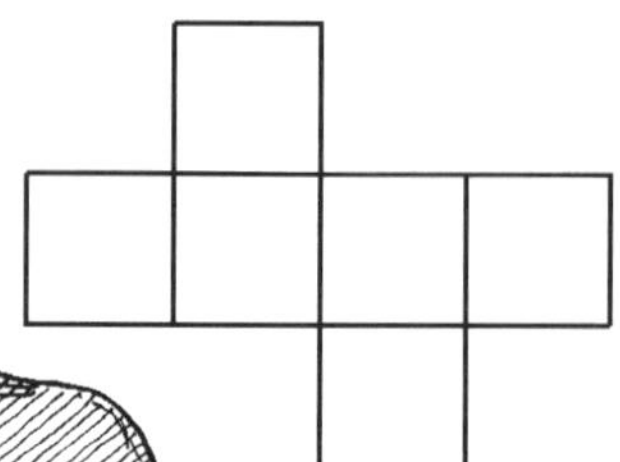

Untersuche:

- Es dürfen nicht mehr als 4 Quadrate in einer Reihe liegen.
- Es dürfen niemals 4 Quadrate einen gemeinsamen Eckpunkt haben.
- Liegen 4 Quadrate in einer Reihe, so müssen die beiden anderen auf verschiedenen Seiten dieser Reihe angeordnet sein.

1. Welche Figuren sind Würfelnetze? Kreuze an.

Welche Fläche liegt der Blume gegenüber? Färbe sie rot ein.

a) ☐

b) ☐

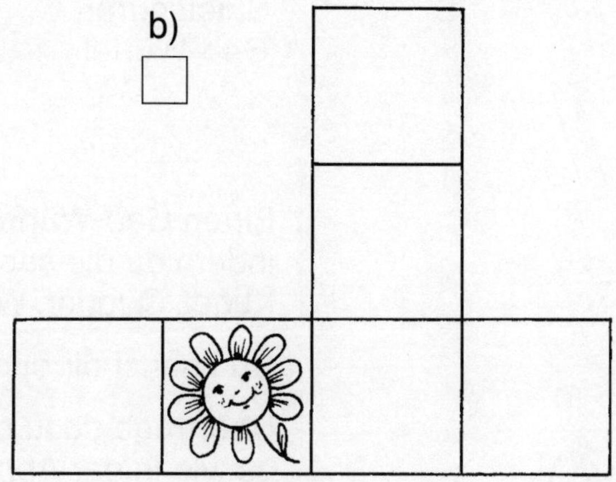

c) ☐

d) ☐

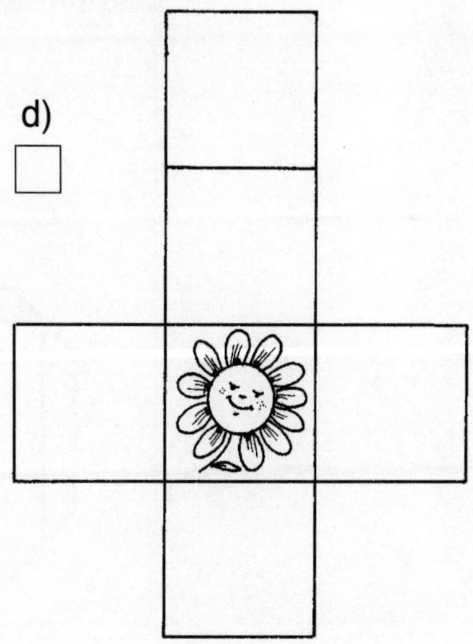

e) ☐

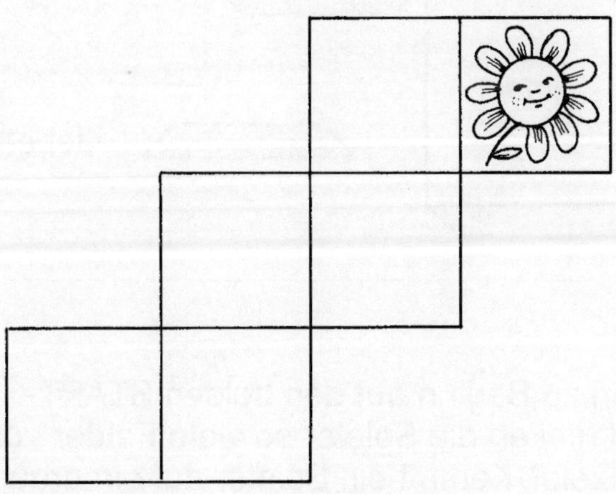

f) ☐

2. Zeichne die Würfelnetze auf Karopapier (S. 43/44), schneide sie aus und falte Würfel.

Geo-Spiel: Spielanleitung

Spieler: 2

Material: Spielplan (S. 21)
1 Spielwürfel
2 Spielfiguren
1 Geo-Würfel

Einen **Geo-Würfel** kannst du leicht und einfach herstellen, indem du die sechs Seiten eines Spielwürfels mit den Begriffen **Kugel, Quader, Würfel, Zylinder, Pyramide** und **Kegel** beklebst.

Du kannst dir auch einen **Geo-Würfel** selbst basteln.

Übertrage dazu das Würfelnetz auf Karopapier und beschrifte es wie in der Abbildung. Schneide es sorgfältig aus. Falte es entlang der Linien vor und klebe es zusammen.

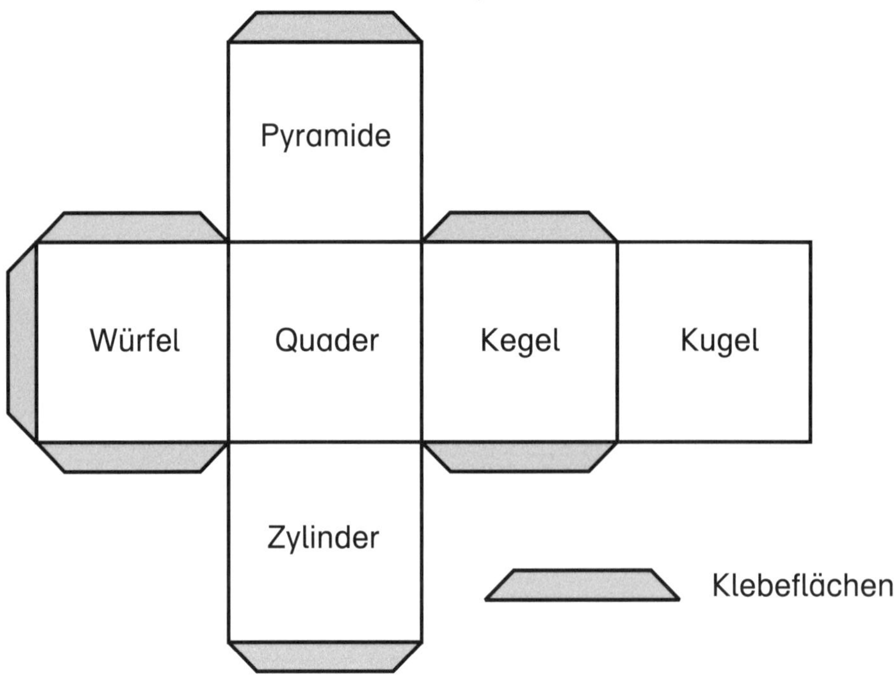

Regel: Die Spielfiguren stehen zu Beginn auf den beiden START-Feldern. Abwechselnd rücken die Spieler so viele Felder vor, wie der Spielwürfel anzeigt. Kommt ein Spieler auf ein graues Feld, muss er beim nächsten Mal den Geo-Würfel einsetzen: Passt der gewürfelte Begriff zu einem Körper oder zur Beschreibung auf dem Feld, darf er mit dem Spielwürfel weiterspielen. Passt der Begriff nicht, muss der Spieler ein Feld zurücksetzen. Gewonnen hat, wer zuerst das Feld mit dem Würfelnetz genau erreicht.

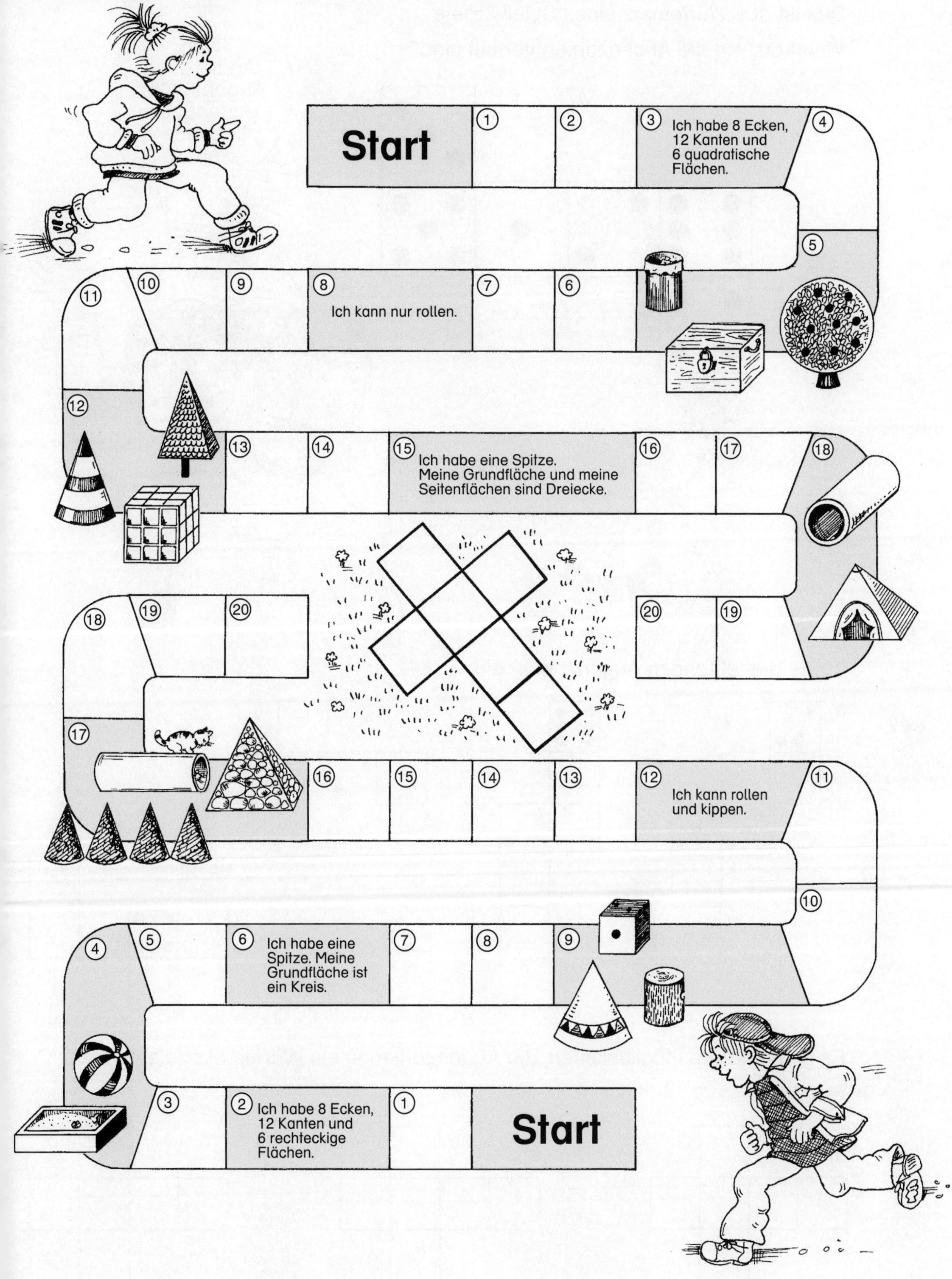
Start
1
2
3 Ich habe 8 Ecken, 12 Kanten und 6 quadratische Flächen.
4
5
6
7
8 Ich kann nur rollen.
9
10
11
12
13
14
15 Ich habe eine Spitze. Meine Grundfläche und meine Seitenflächen sind Dreiecke.
16
17
18
19
20
20
19
18
17
16
15
14
13
12 Ich kann rollen und kippen.
11
10
9
8
7
6 Ich habe eine Spitze. Meine Grundfläche ist ein Kreis.
5
4
3
2 Ich habe 8 Ecken, 12 Kanten und 6 rechteckige Flächen.
1
Start

Spielwürfel

Das ist das Würfelnetz eines Spielwürfels.
Weißt du, wie die Augenzahlen verteilt sind?

1. Trage die fehlenden Augenzahlen ein.

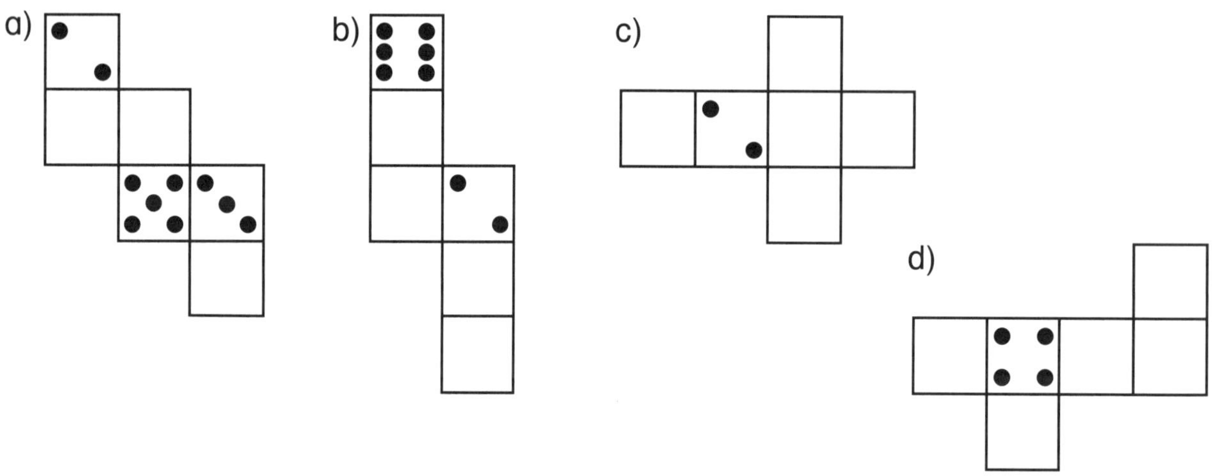

2. Es gibt mehrere Möglichkeiten, die Augenzahlen in ein Würfelnetz zu zeichnen. Probiere.

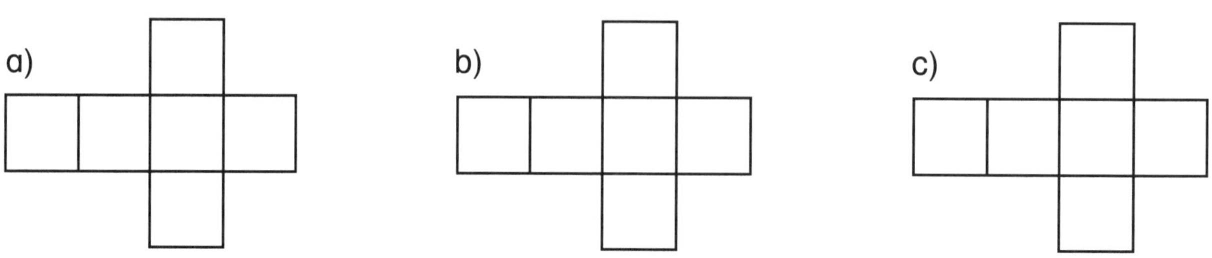

1. Zeichne ein Quadrat mit der Seitenlänge 6 cm auf Karton. Zerschneide es in vier Teile.

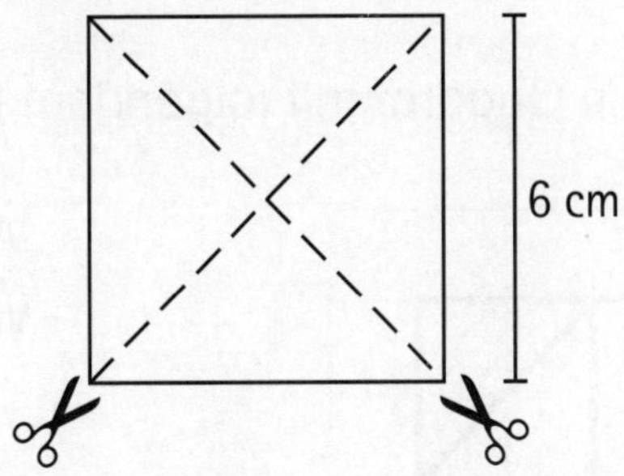

2. Lege diese Figuren mit den vier Teilen aus.

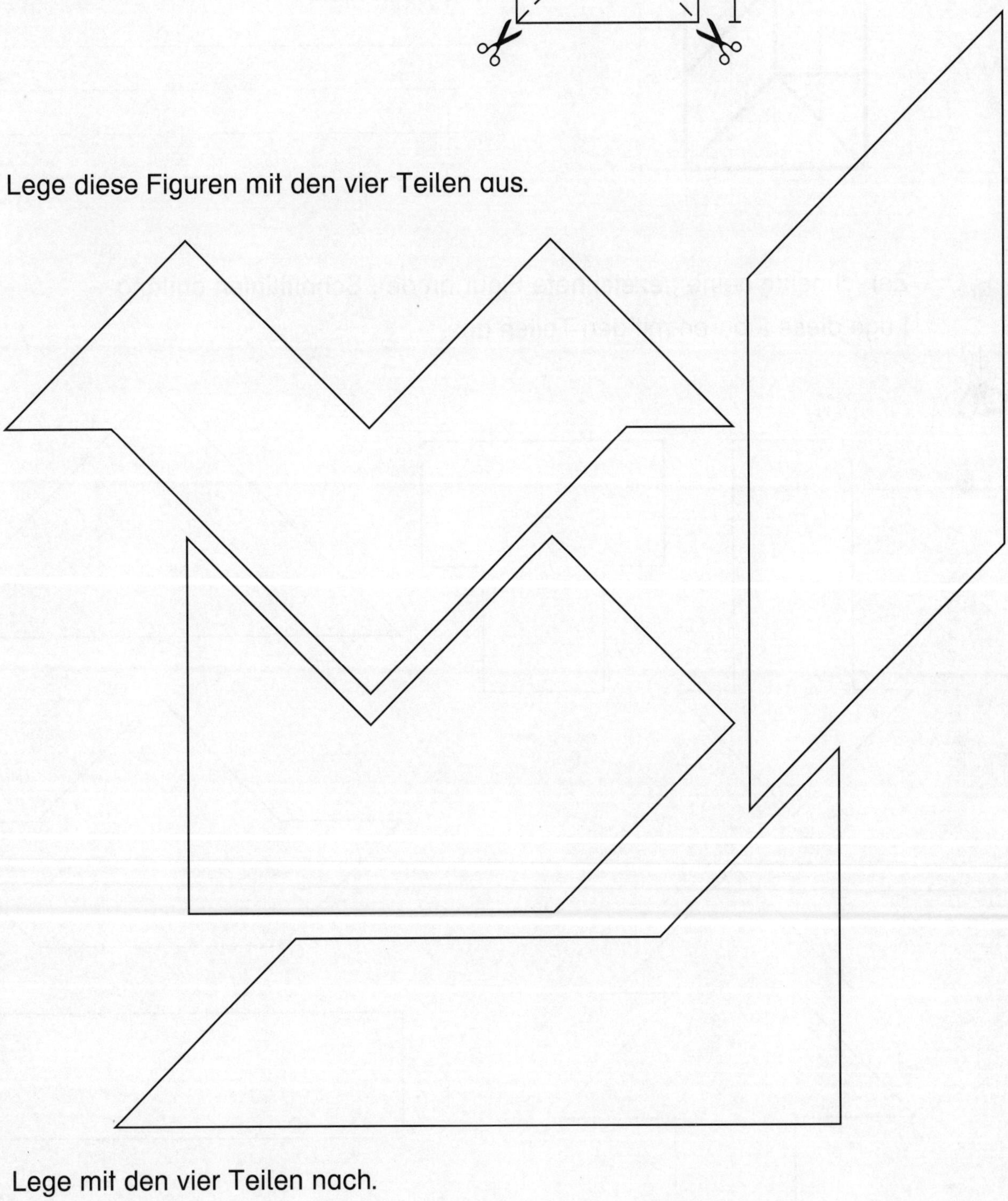

3. Lege mit den vier Teilen nach.

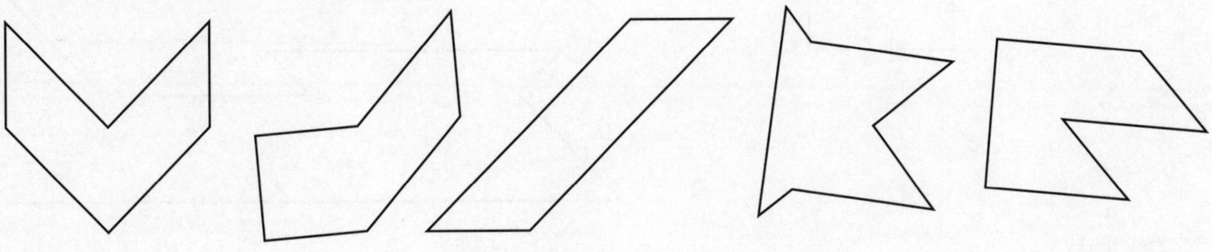

Figuren

1. Zeichne ein Quadrat mit folgendem Muster auf Karopapier (S. 43/44).

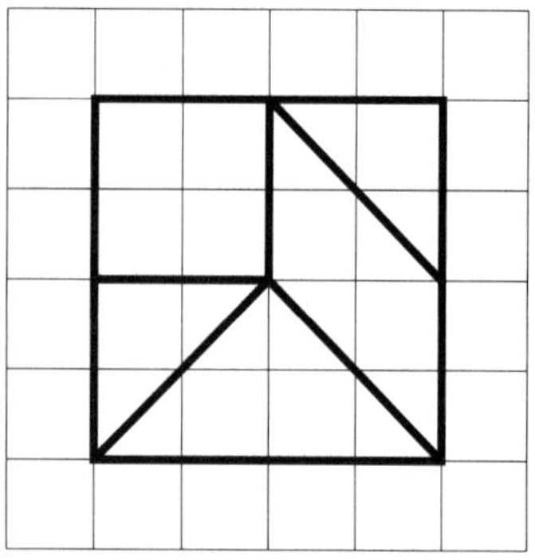

Wie viele Figuren erkennst du?
Wie heißen sie?

____

____

____

____

2. Zerschneide deine gezeichnete Figur an den Schnittlinien entlang.
Lege diese Figuren mit den Teilen aus.

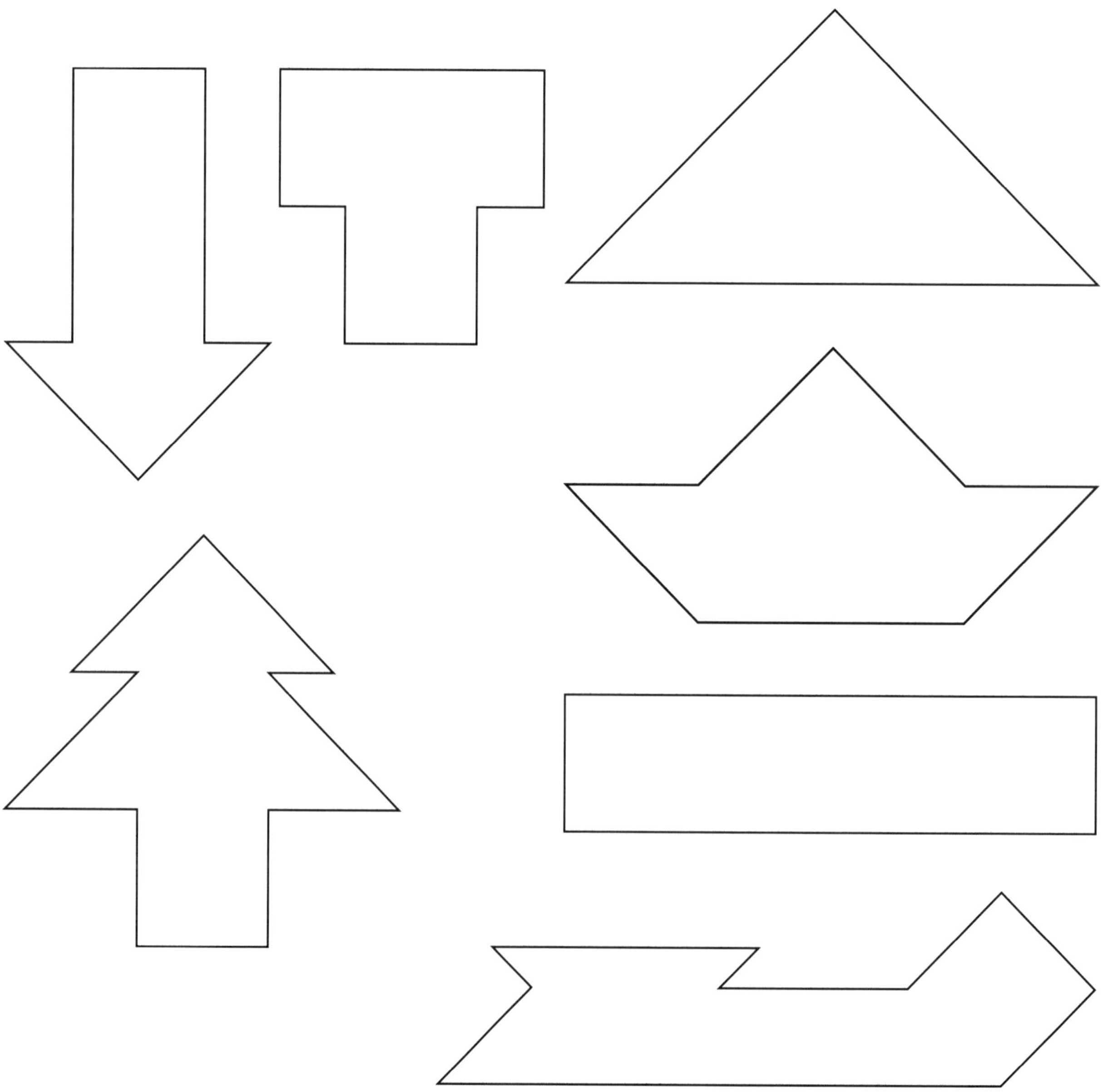

1. Vervollständige die Muster.

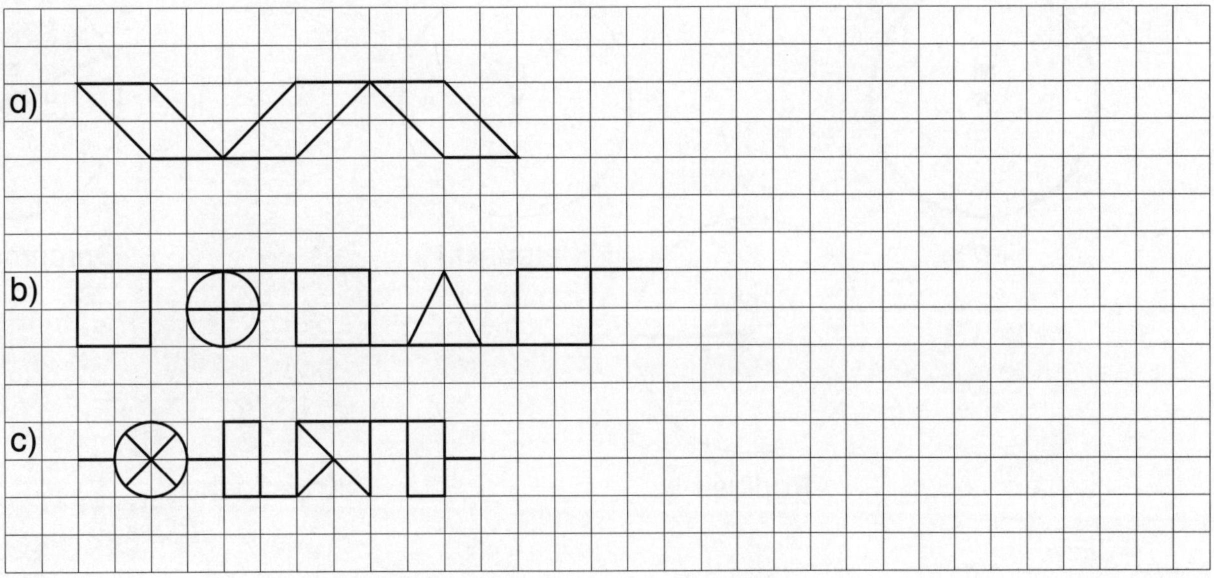

2. a) Welche Figuren passen in die Lücken? Färbe gleich.

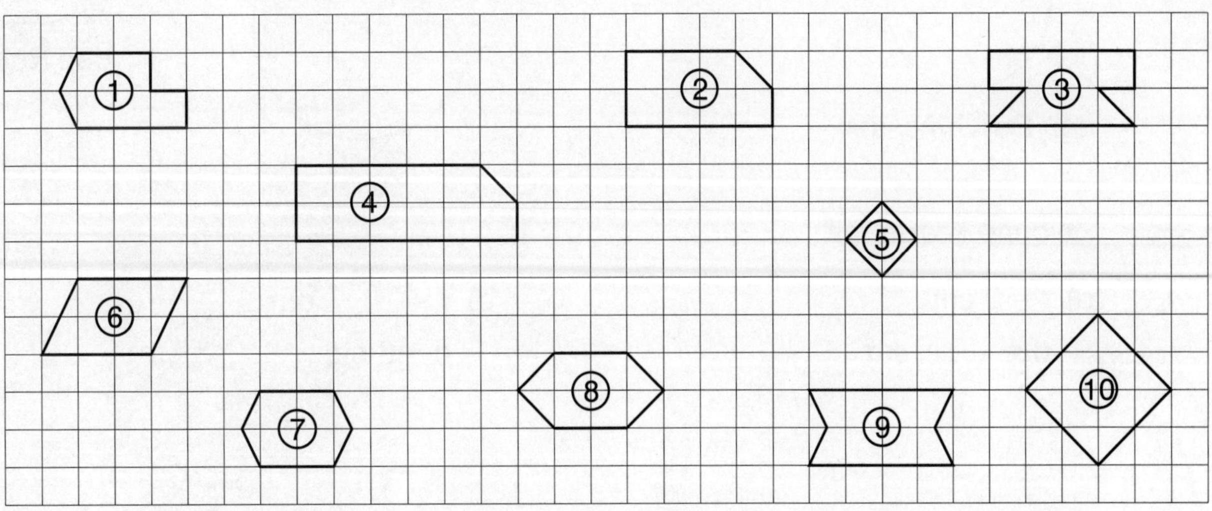

b) Trage ein.

Lücke	Ⓐ	Ⓑ	Ⓒ	Ⓓ	Ⓔ	Ⓕ
Figur						

Kreise

Das musst du vom Kreis kennen:

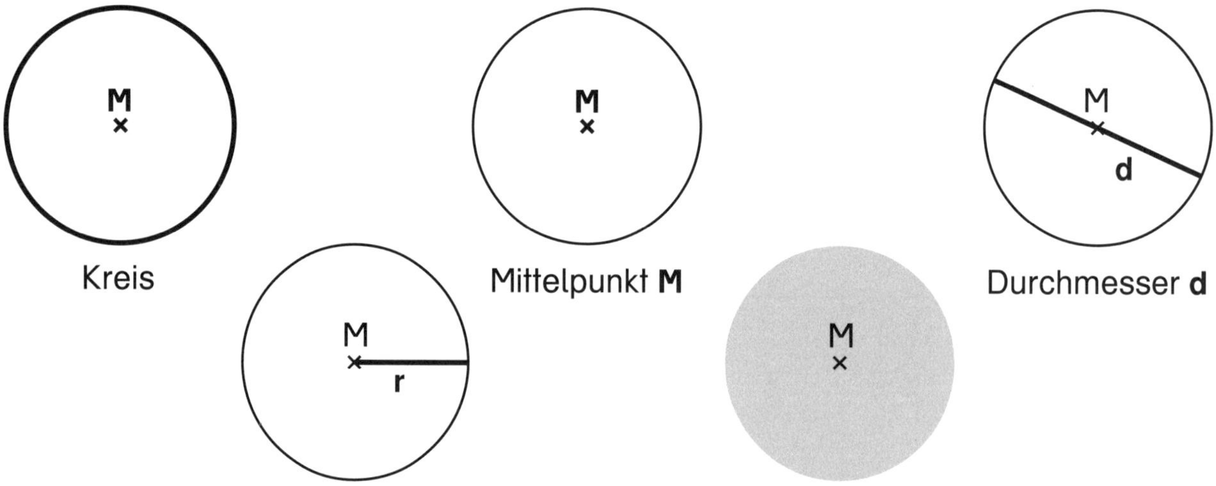

Kreis

Mittelpunkt **M**

Durchmesser **d**

Radius **r**

Kreisfläche

1. Zeichne mit einem Farbstift

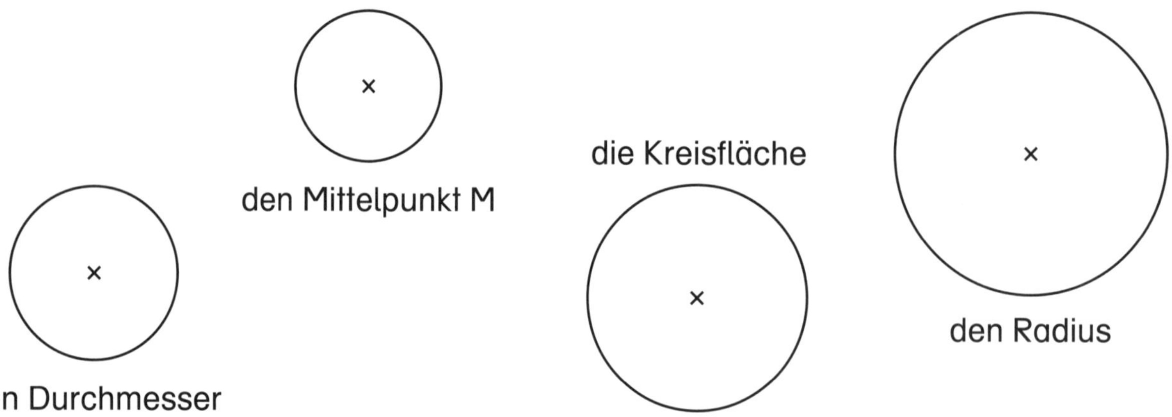

den Mittelpunkt M

die Kreisfläche

den Radius

den Durchmesser

2. Zeichne Kreise mit

a) r = 2 cm
d = _____ cm

b) r = _____ cm
d = 6 cm

M

M

Punkte: _____ | 2

Mittelpunkt, Durchmesser, Radius und Kreisfläche erkennen und benennen; Kreise zeichnen

1. a) Färbe in den Vierecken zueinander parallele Seiten.

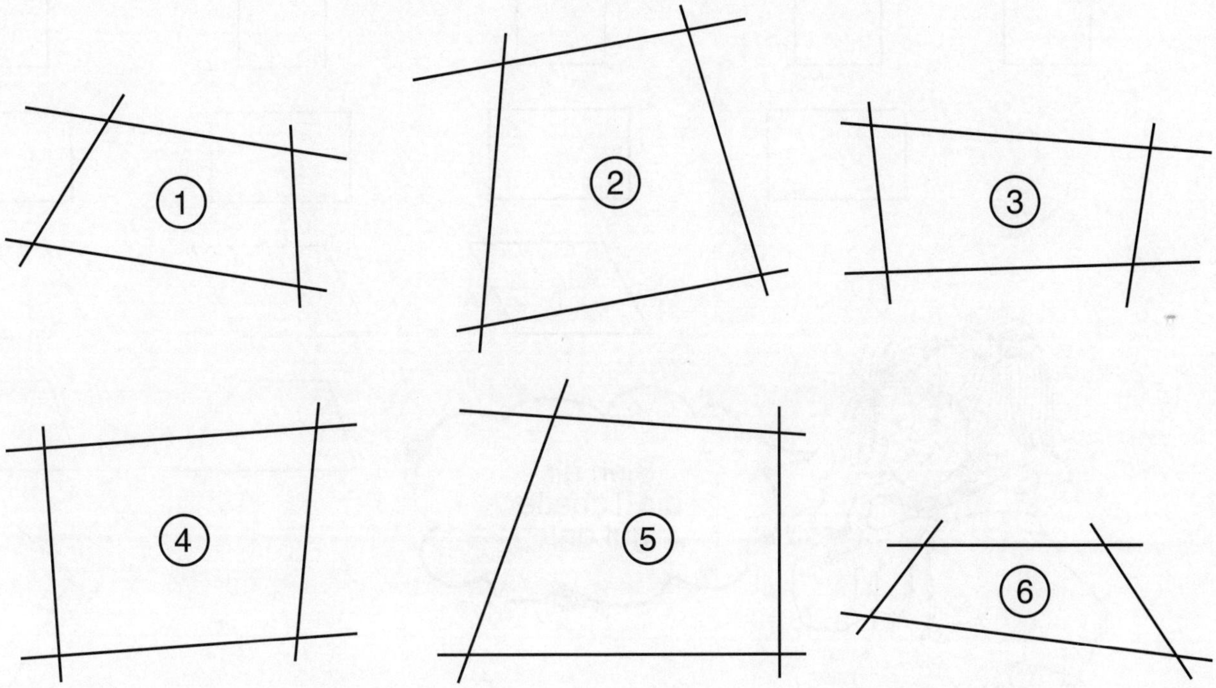

b) Welche Vierecke sind Trapeze? Kreuze in der Tabelle an.

Figur	1	2	3	4	5	6
Trapez						

2. Zeichne Trapeze.

Vierecke

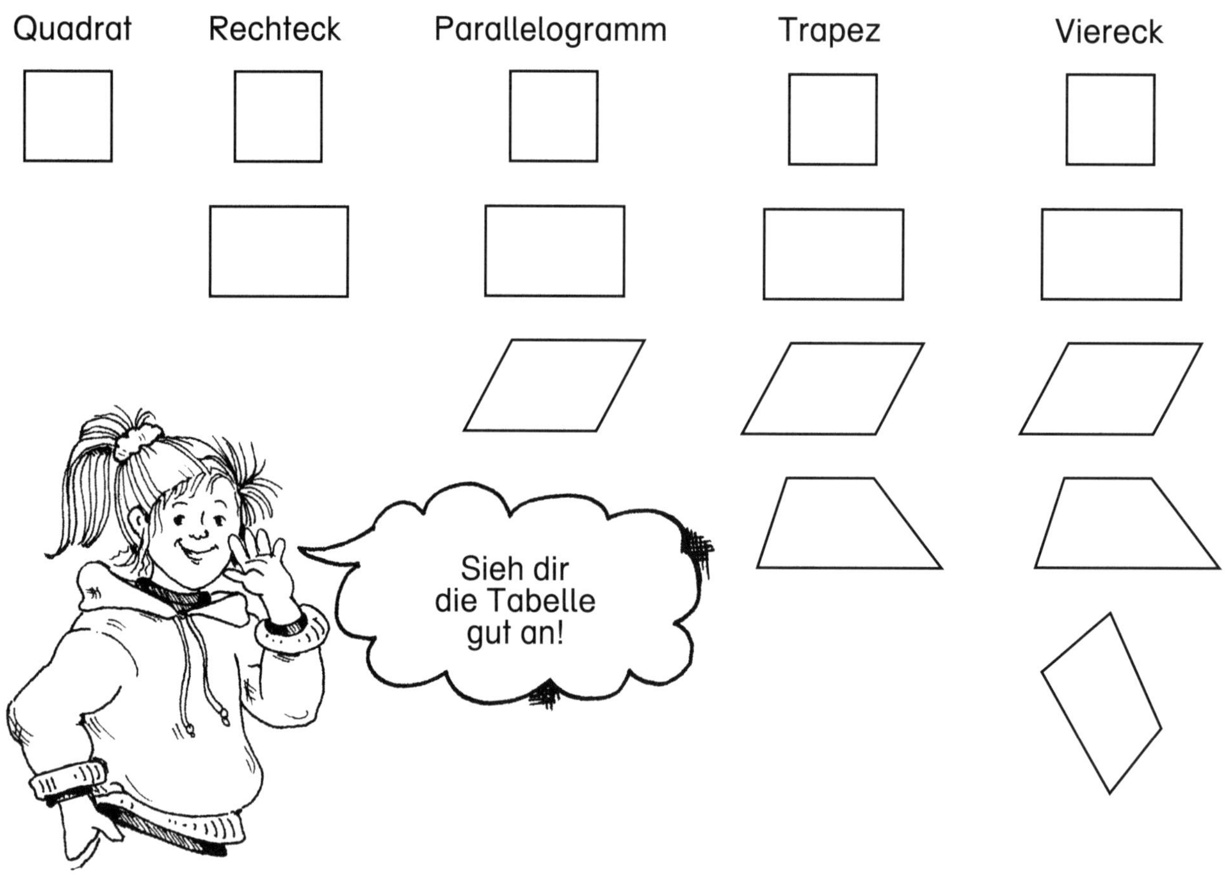

Welche Figur ist ein Quadrat, ein Rechteck, ein Parallelogramm, ein Trapez, ein Viereck? Kreuze an.

	Quadrat	Rechteck	Parallelogramm	Trapez	Viereck

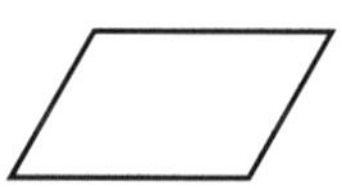					

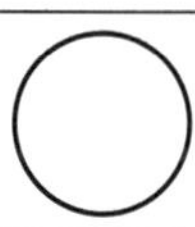					
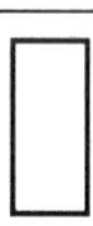					

Was ist richtig, was ist falsch? Kreuze an.

Das Quadrat ist ein Trapez.
richtig ◯ falsch ◯

Das Parallelogramm ist ein Quadrat.
richtig ◯ falsch ◯

Das Parallelogramm ist ein Rechteck.
richtig ◯ falsch ◯

Das Rechteck ist ein Trapez.
richtig ◯ falsch ◯

Das Trapez ist ein Parallelogramm.
richtig ◯ falsch ◯

Das Quadrat ist ein Rechteck.
richtig ◯ falsch ◯

Das Trapez ist ein Quadrat.
richtig ◯ falsch ◯

Das Quadrat ist ein Parallelogramm.
richtig ◯ falsch ◯

Das Rechteck ist ein Parallelogramm.
richtig ◯ falsch ◯

Das Trapez ist ein Rechteck.
richtig ◯ falsch ◯

Das Parallelogramm ist ein Trapez.
richtig ◯ falsch ◯

Das Rechteck ist ein Quadrat.
richtig ◯ falsch ◯

Flächeninhalt

1. Wie groß sind die Flächen? Zähle die Kästchen.

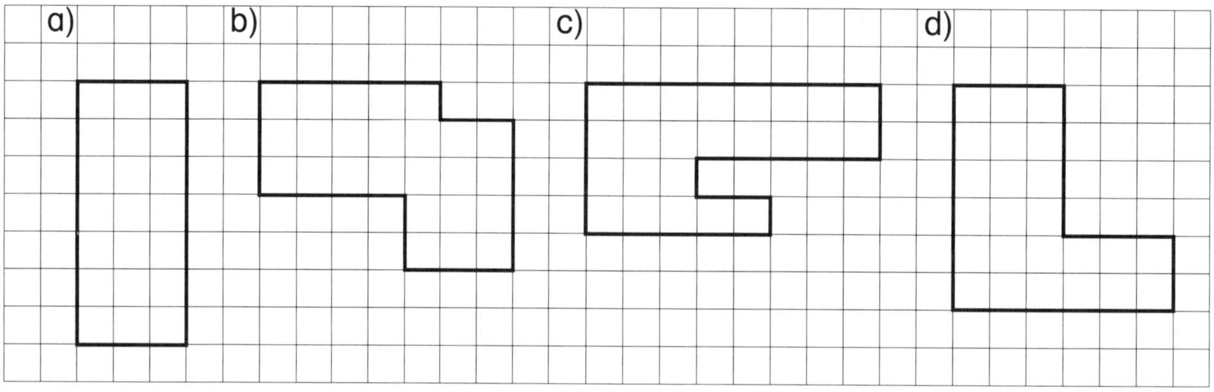

a) _____ Kästchen b) _____ Kästchen c) _____ Kästchen d) _____ Kästchen

2. Welche der drei Flächen ist am größten? Färbe sie. Schätze zuerst.

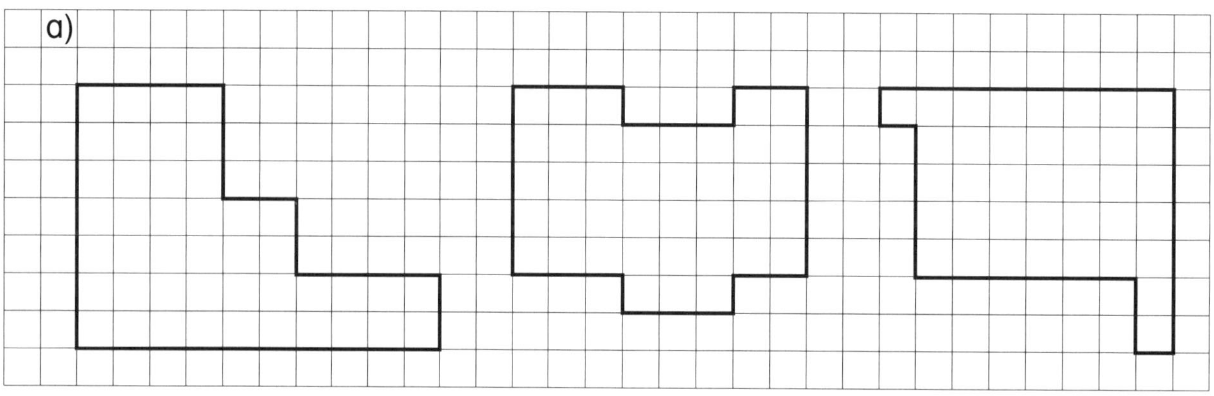

Kästchen: geschätzt _____ geschätzt _____ geschätzt _____

genau _____ genau _____ genau _____

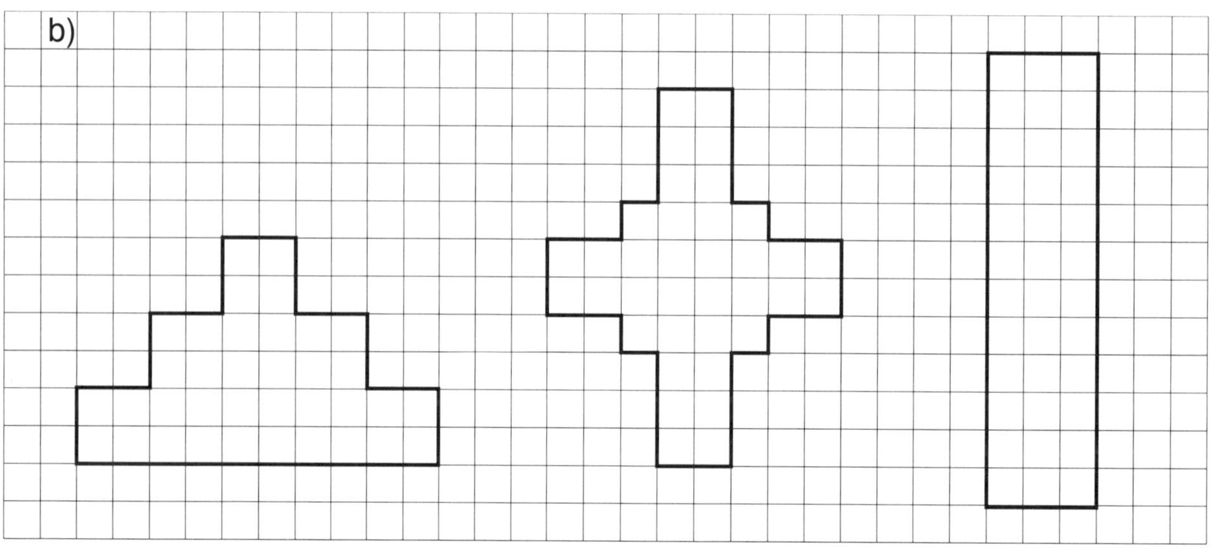

Kästchen: geschätzt _____ geschätzt _____ geschätzt _____

genau _____ genau _____ genau _____

1. Wie viele Einheitsquadrate enthält jeweils die gesamte Fläche?
Schätze zuerst.

a)

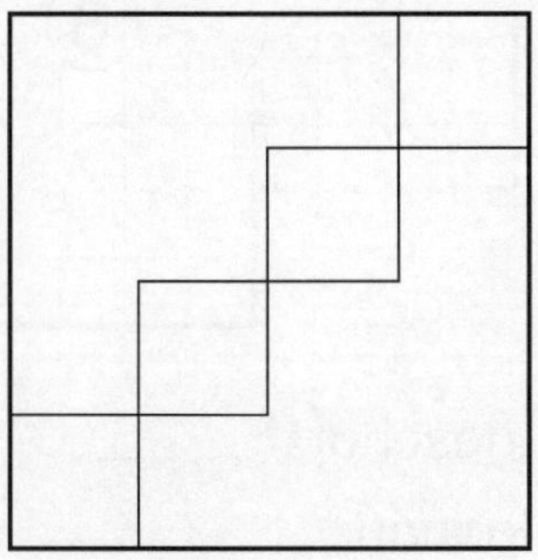

Quadrate:
geschätzt ____
genau ____

b)

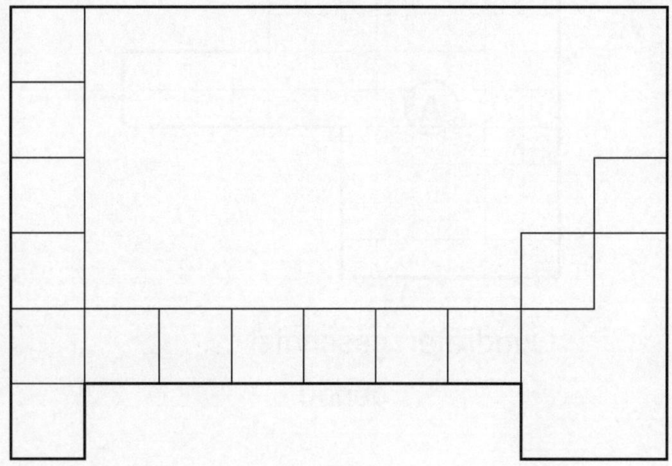

geschätzt ____
genau ____

2. a) Wie groß sind die Flächen? Schätze zuerst.

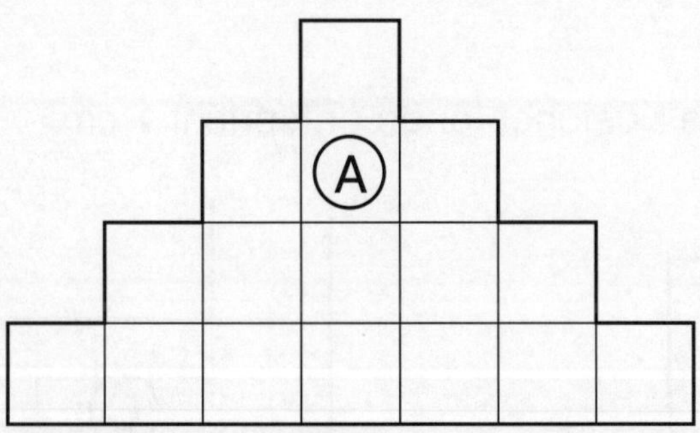

Quadrate: geschätzt ____
genau ____

geschätzt ____
genau ____

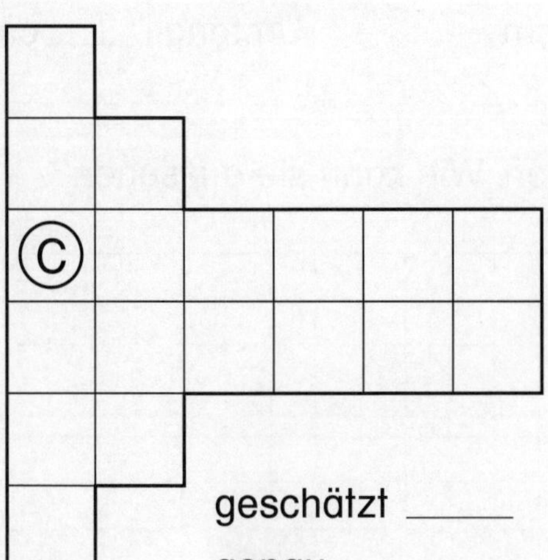

geschätzt ____
genau ____

b) Ordne die Flächen nach ihrer Größe.

Die Fläche ___ hat ____ Quadrate.
Die Fläche ___ hat ____ Quadrate.
Die Fläche ___ hat ____ Quadrate.

Punkte: ____ | 3

Flächeninhalt und Umfang

1. Wie viele Quadrate 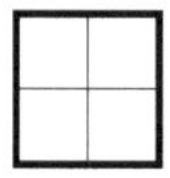 benötigst du, um die Flächen vollständig auszulegen?

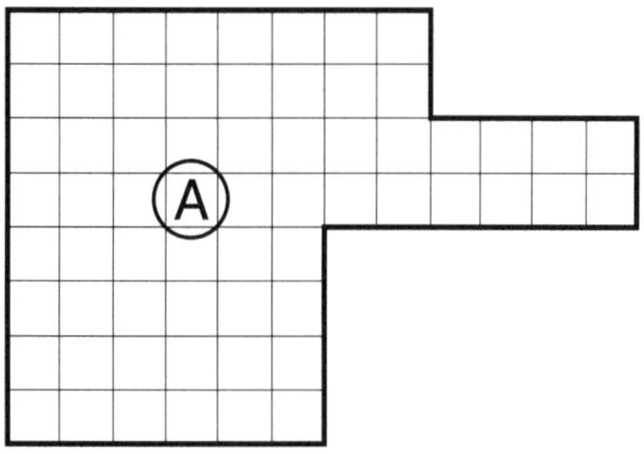

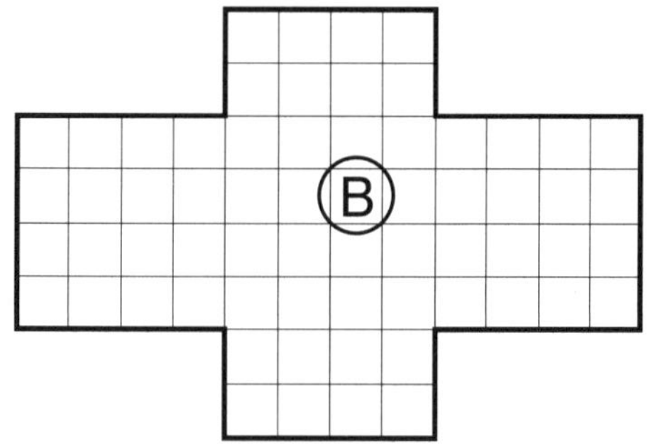

Quadrate: geschätzt _____ geschätzt _____

genau _____ genau _____

2. Wenn du Quadrate zum Auslegen verwendest, kannst du auch den Umfang (einmal drumherum) bestimmen.

a) Bestimme die Anzahl der Quadratseiten.

Umfang von Figur (A): _____ Quadratseiten

Umfang von Figur (B): _____ Quadratseiten

b) Miss in Zentimetern.

Umfang von Figur (A): _____ cm

Umfang von Figur (B): _____ cm

3. Berechne den Umfang der Flächen. Eine Kästchenlänge entspricht 1 cm.

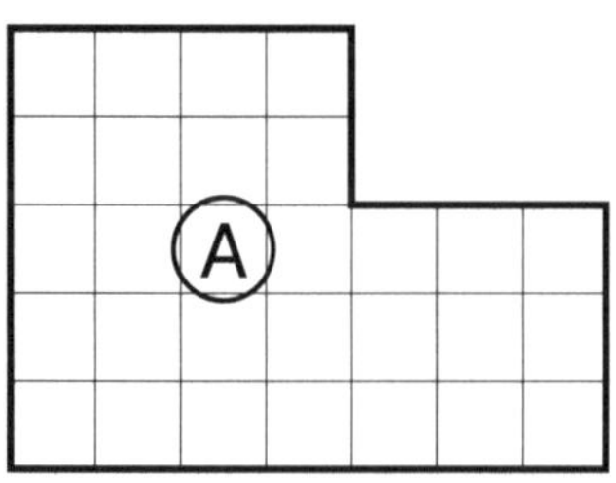

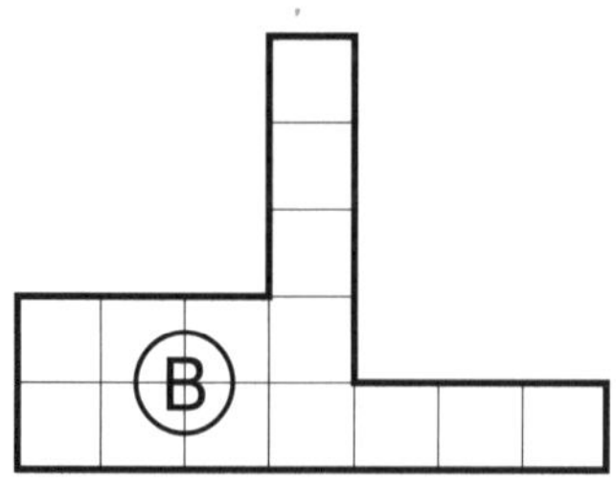

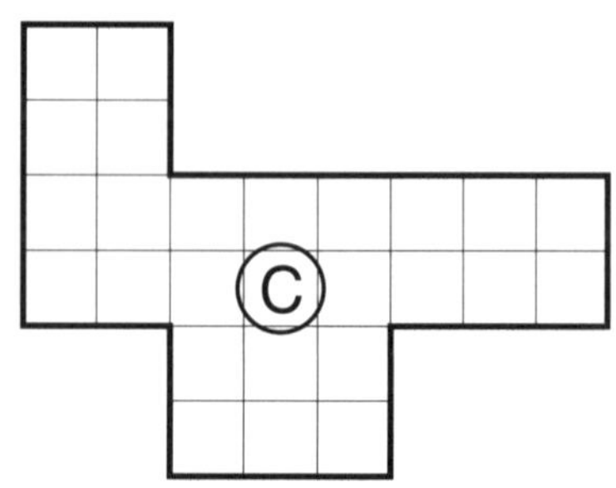

Umfang: _____ cm Umfang: _____ cm Umfang: _____ cm

4. Eine Fläche soll den Umfang von 10 cm haben. Wie kann sie aussehen?

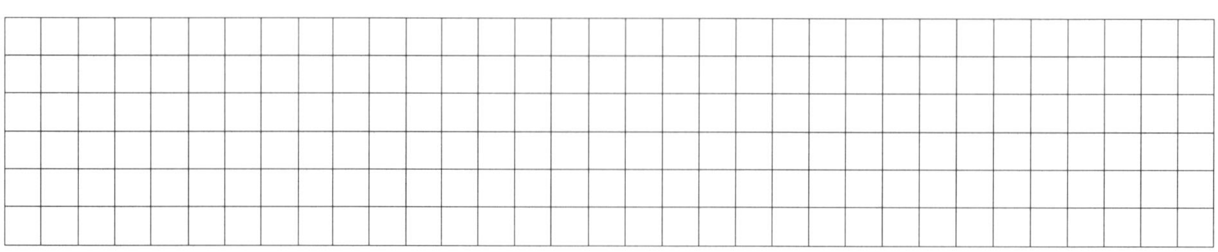

Punkte: _____ | 4

Zusammenhang zwischen Flächeninhalt und Umfang erkennen und beschreiben;
Umfang berechnen und nach Vorgabe zeichnen

1. Wie viele Quadrate ⊞ benötigst du, um die Figuren vollständig auszulegen?

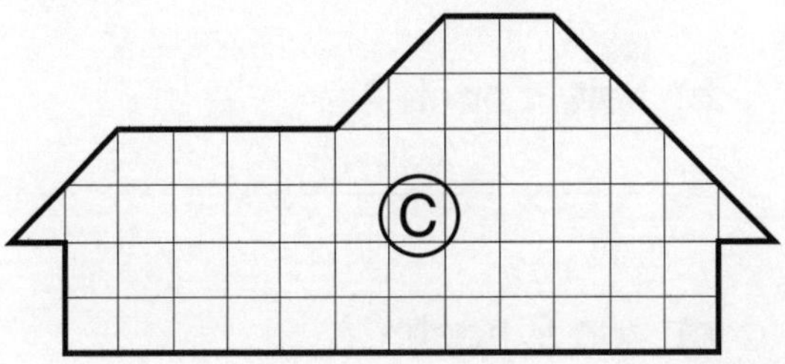

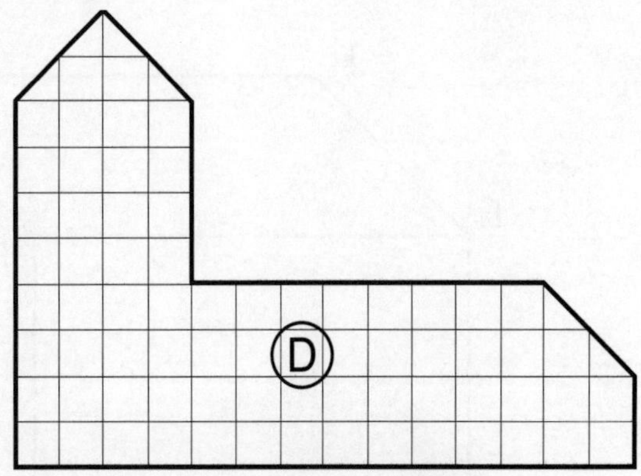

Figur Ⓒ: _____ Quadrate und _____ halbe Quadrate

Figur Ⓓ: _____ Quadrate und _____ halbe Quadrate

2. Wie viele Quadrate enthalten die Rechtecke?

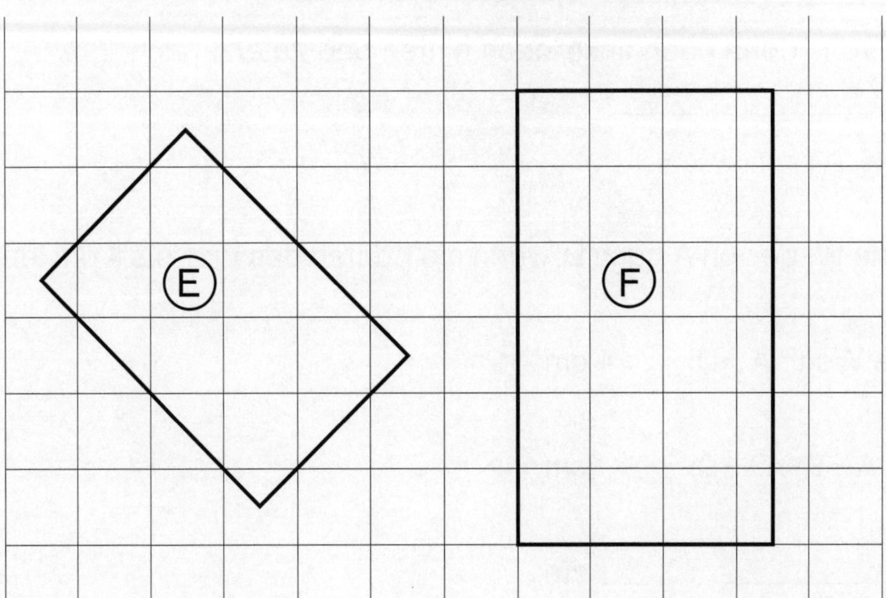

Rechteck Ⓔ:
_____ Quadrate

Rechteck Ⓕ:
_____ Quadrate

Würfel

1. Suche Wege auf den Kanten des Würfels. Es gibt mehrere Möglichkeiten. Gib immer drei Wege an.

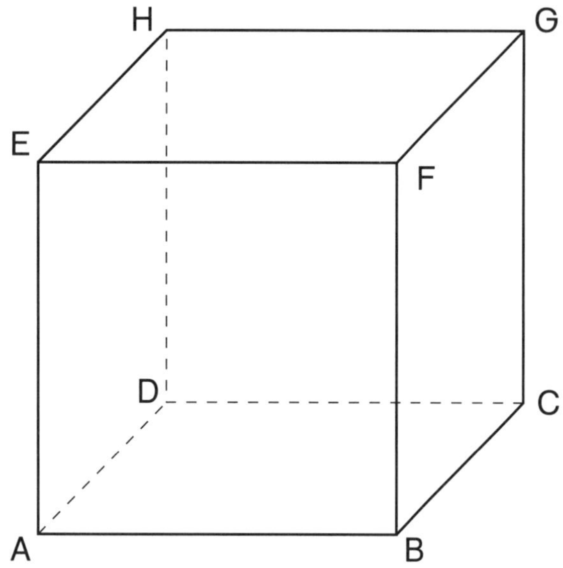

a) von A nach D:
A→B→C→D / A→D / A→E→H→D

b) von H nach A: ______

c) von E nach C: ______

d) von G nach B: ______

2. Wo kommst du an?

Der Weg führt

a) von B nach hinten, dann nach links und anschließend nach oben: Punkt ______

b) von E nach unten, danach nach rechts, dann nach hinten und schließlich nach links: ______

c) von G nach vorn, dann nach links, nach hinten und zuletzt nach rechts: ______

3. Wie lang sind die Wege von A nach D, wenn die Kanten des Würfels 4 cm lang sind?

a) der kürzeste Weg A→D: 4 cm

b) der Weg A→B→C→D: ______cm

c) der Weg ______: ______cm

Welche Figuren sind Quadernetze? Kreuze an.

Übertrage sie auf Karopapier, schneide sie aus und überprüfe durch Falten.

a) ☐

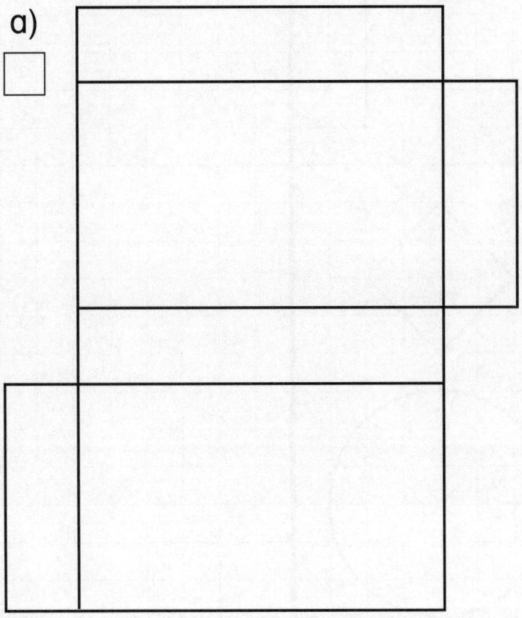

b) ☐

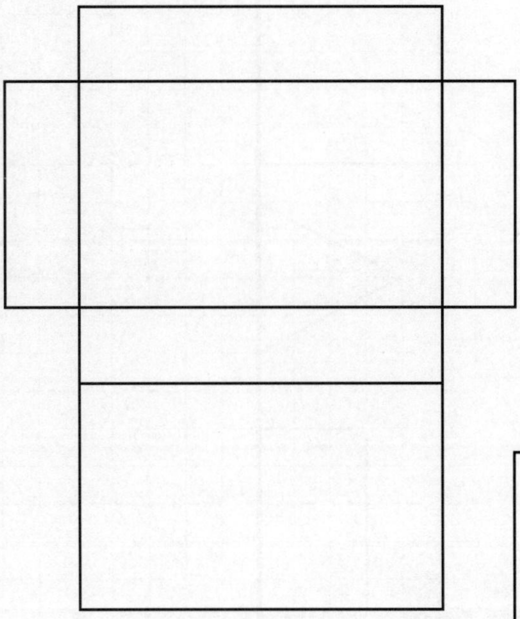

c) ☐

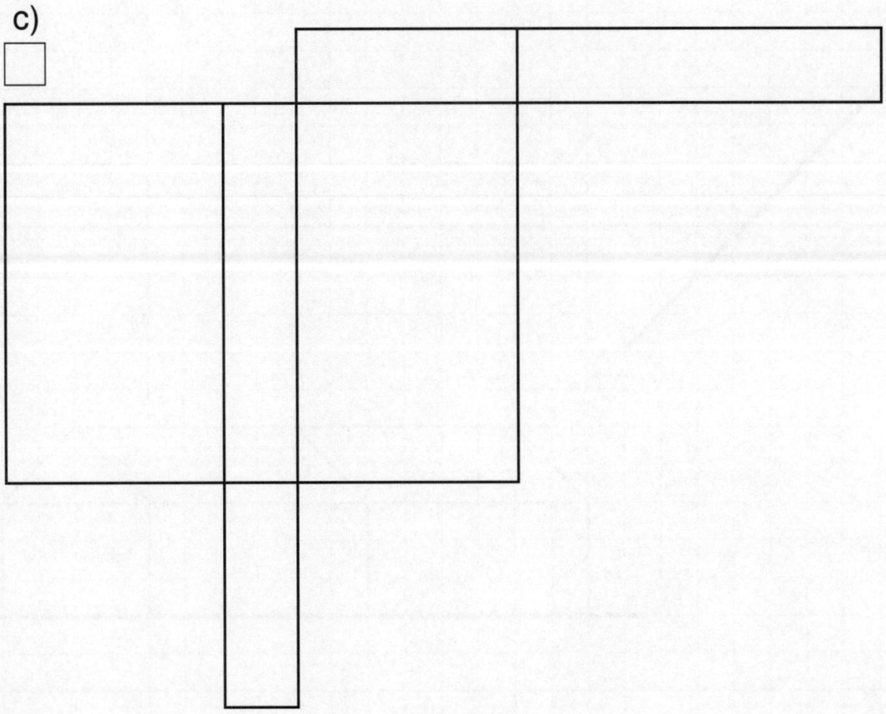

d) ☐

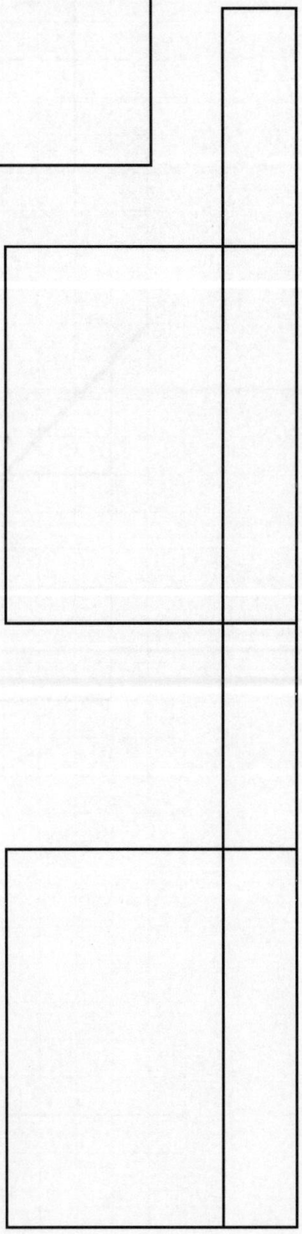

Achsenspiegelungen

Zeichne die Spiegelbilder

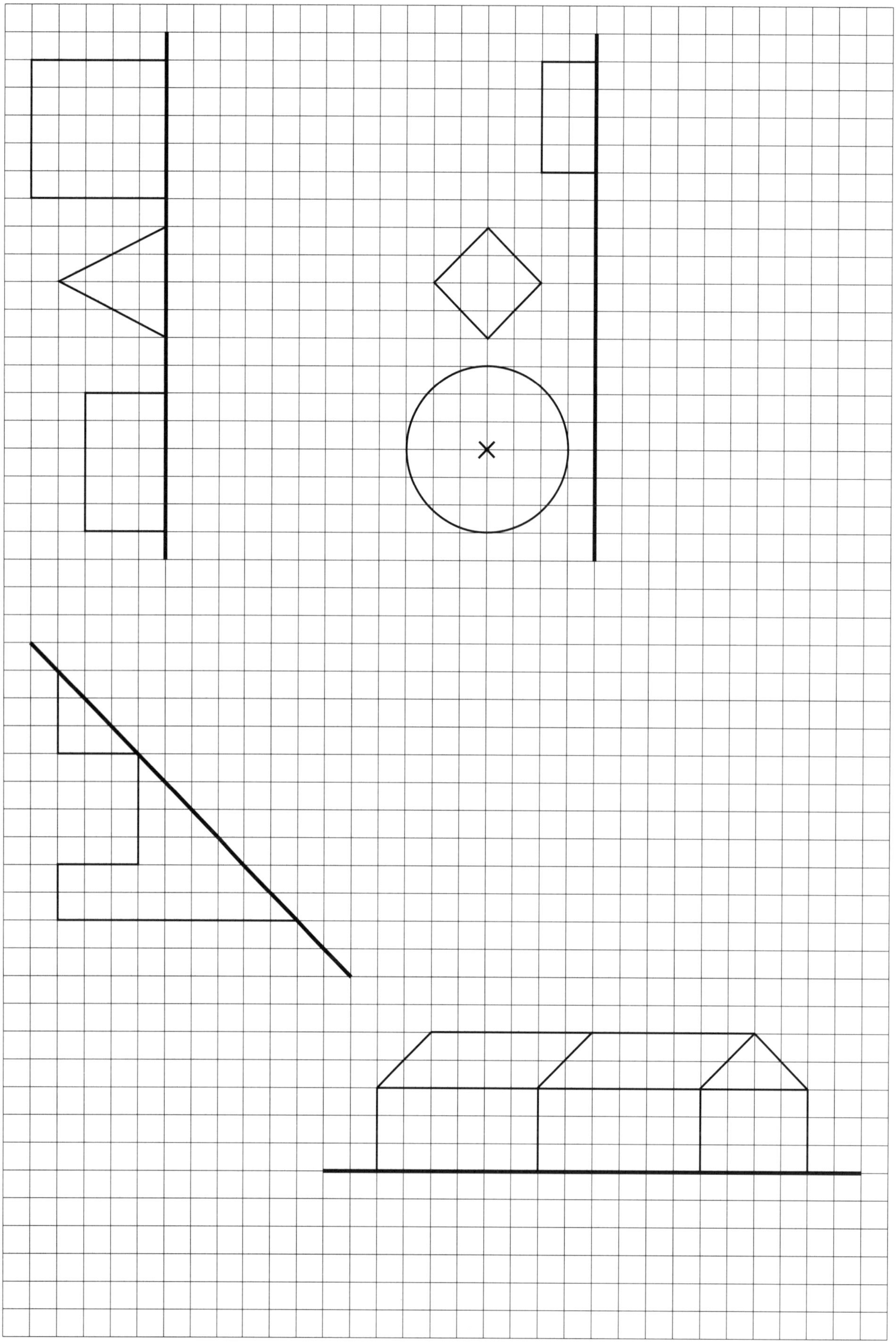

Punkte: ____ | 4

Spiegelbilder zeichnen und ihre Eigenschaften entdecken

1. Findest du zu je zwei nebeneinander liegenden Figuren Spiegelachsen? Zeichne.

a)

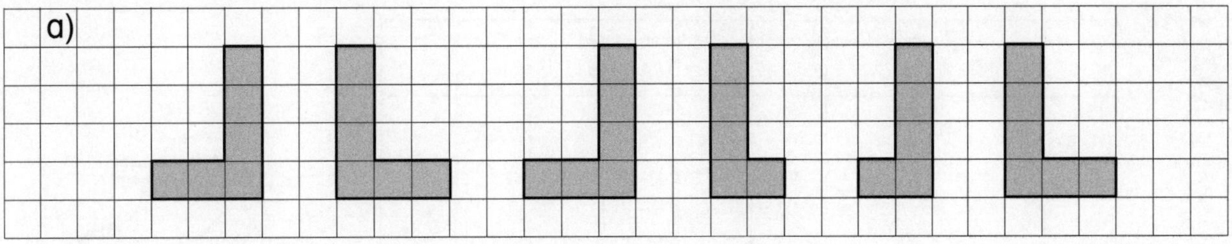

b)

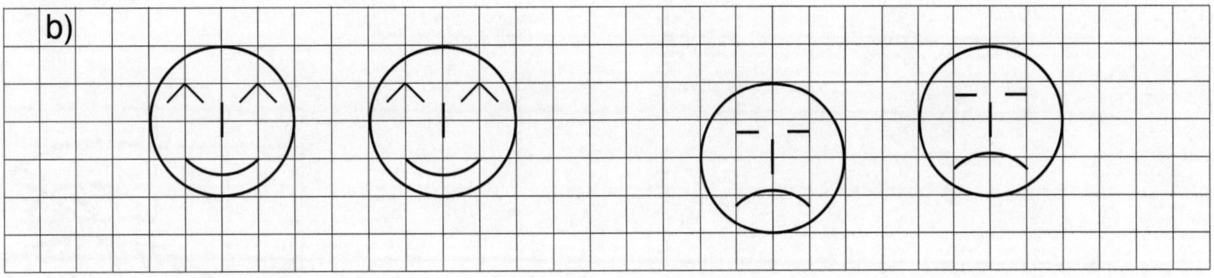

2. Zeichne Spiegelachsen ein.

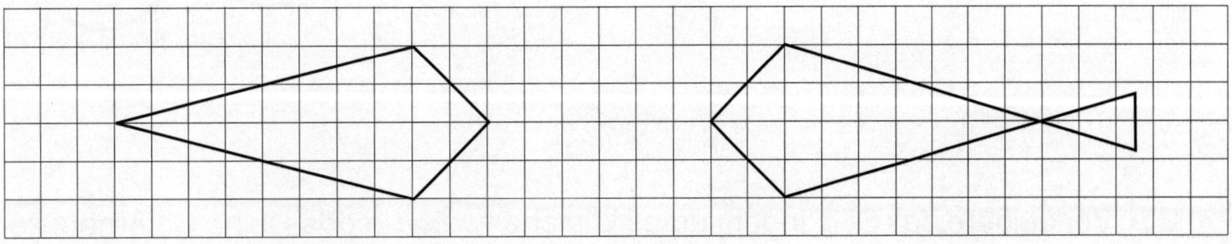

3. Hier kannst du mehrere Spiegelachsen einzeichnen.

a)

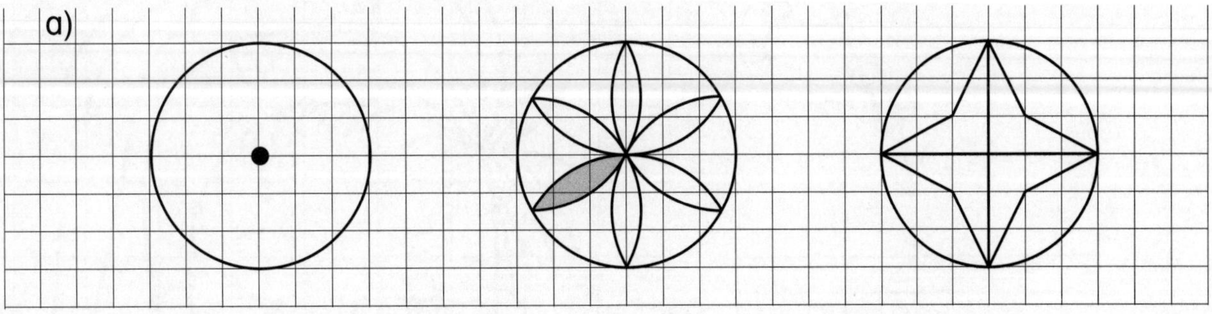

b)

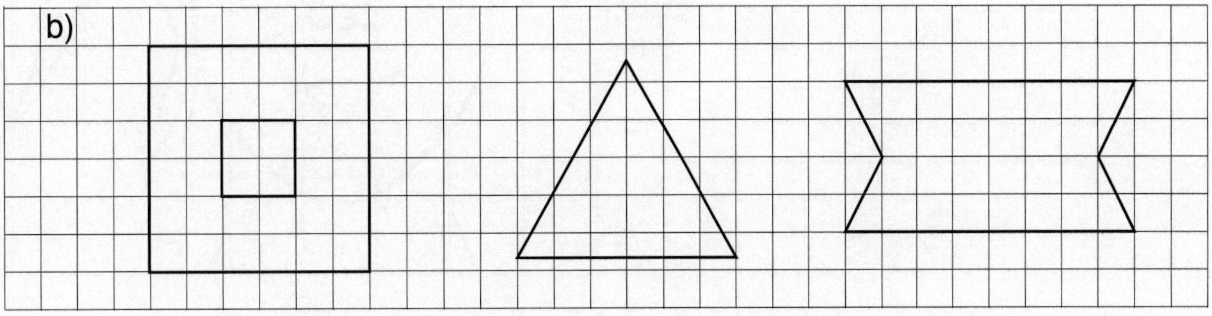

Punkte: ____ | 5

Vergrößerung – Verkleinerung

1. Vergrößere das Bild, indem du es kästchenweise in das große Gitternetz zeichnest.

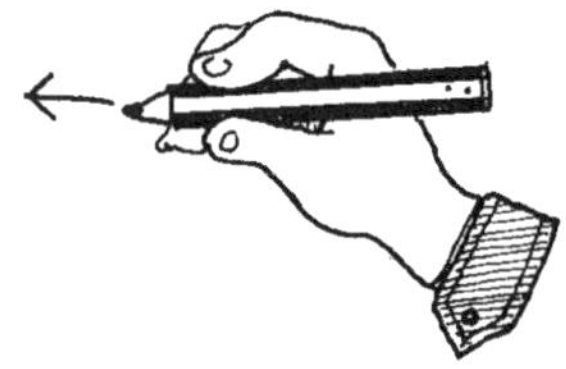

2. Verkleinere das Bild, indem du es kästchenweise in das kleine Gitternetz zeichnest.

1.

a) Färbe die kleinen Quadrate, Dreiecke und Kreise jeweils gleich.

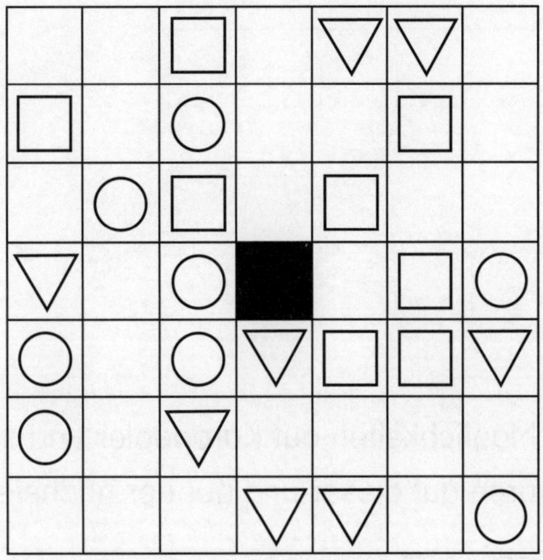

b) Teile das Quadrat in vier Teile so ein, dass jedes Teil zwei kleine Quadrate, zwei Dreiecke und zwei Kreise enthält.

2.

Wie oft passt das Dreieck in die angegebene Figur?

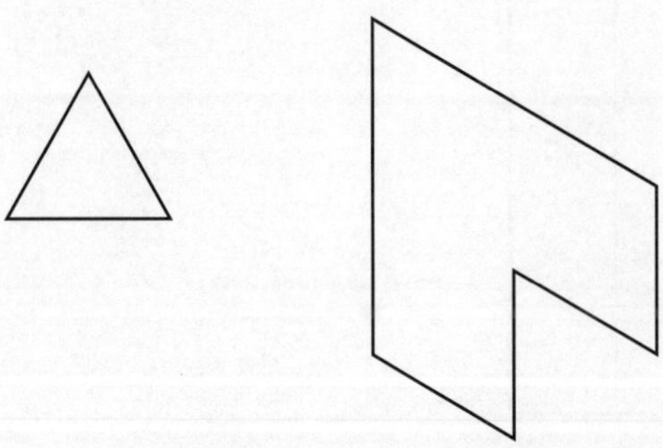

Das Dreieck passt _____ mal in die Figur.

3.

Von diesem Viereck soll auf verschiedene Weise eine Ecke abgeschnitten werden. Wie viele Ecken kann die dabei entstehende Figur haben?

Tipp: Probiere mit einem Stäbchen.

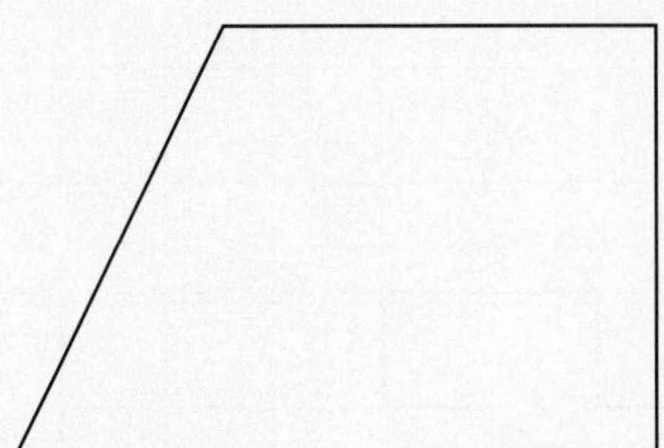

Figur 1: _____ Ecken

Figur 2: _____ Ecken

Figur 3: _____ Ecken

Pentomino-Puzzle

Es gibt 12 verschiedene Möglichkeiten, 5 Quadrate zusammenhängend zu zeichnen.

1. Möglichkeit: 

2. Möglichkeit: 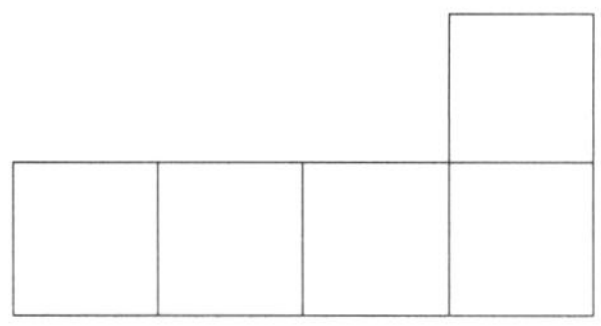

Zeichne alle 12 Möglichkeiten auf Karopapier und schneide die Figuren aus. Lege damit die Tierfiguren auf dieser und auf der nächsten Seite aus.

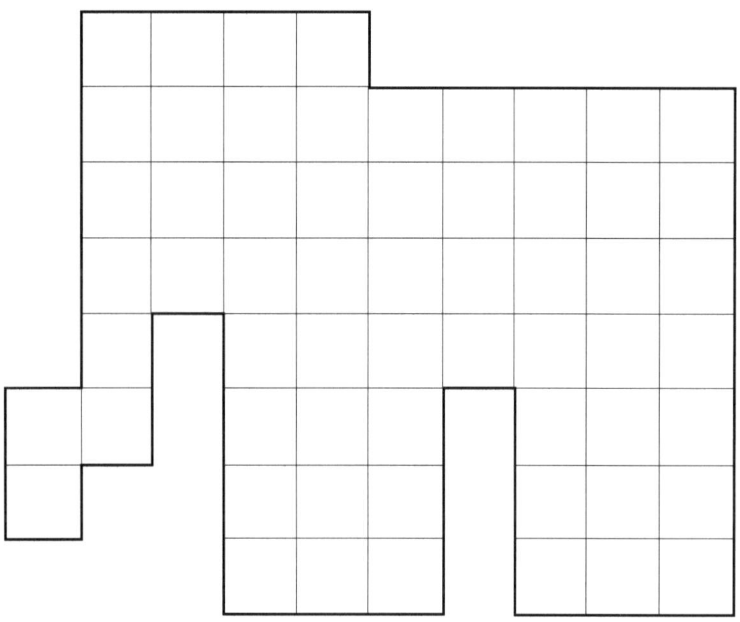

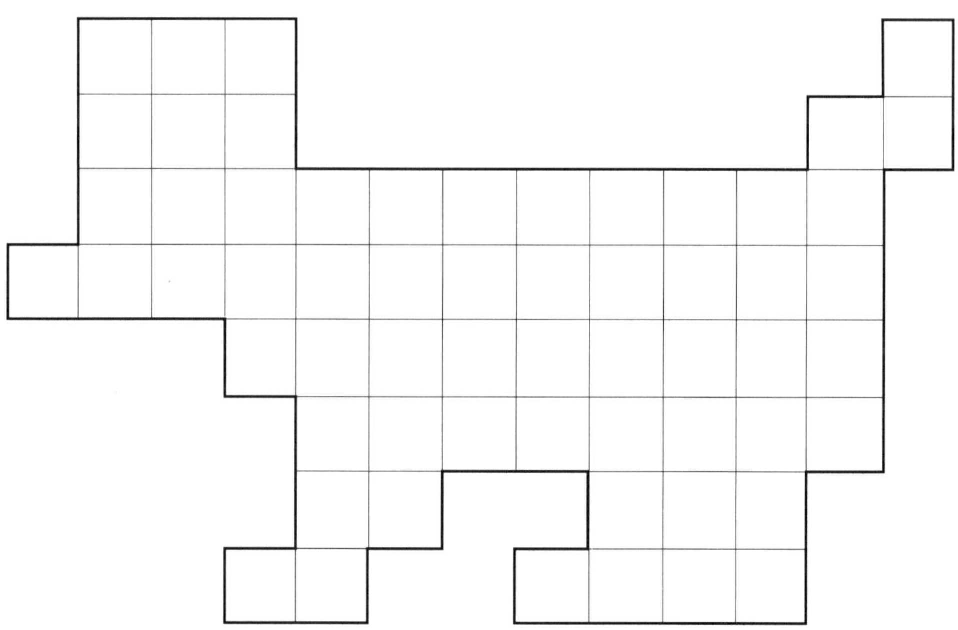

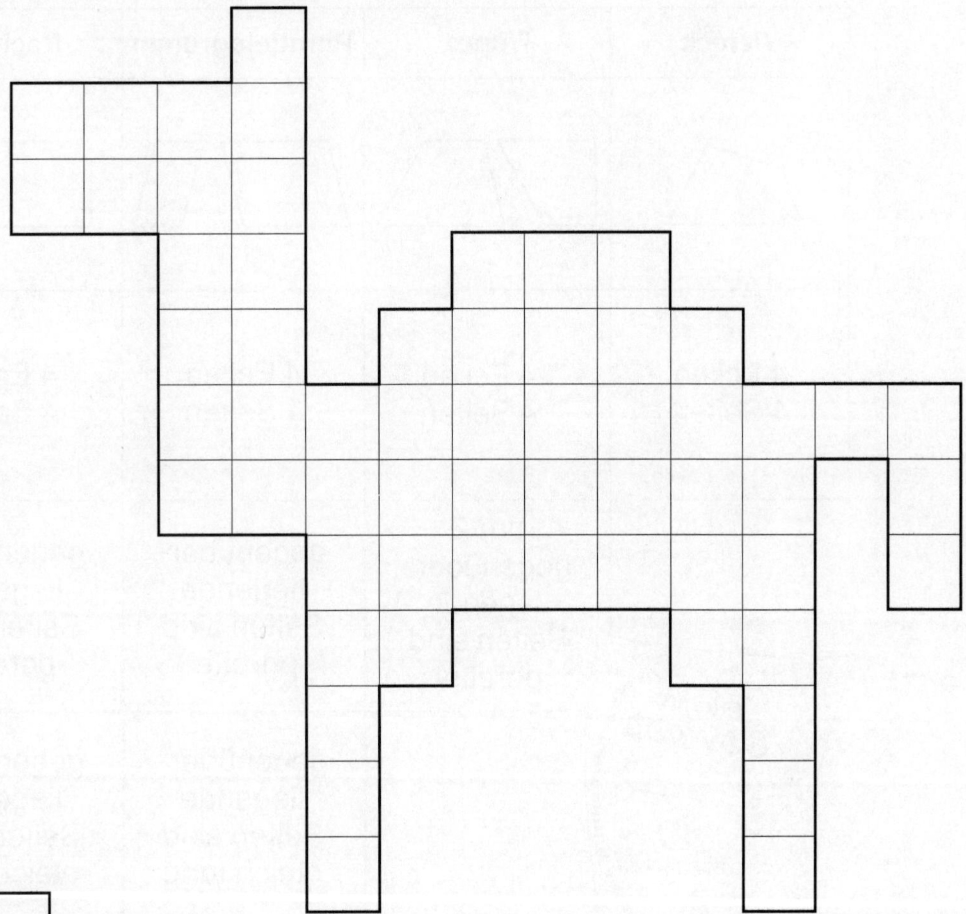

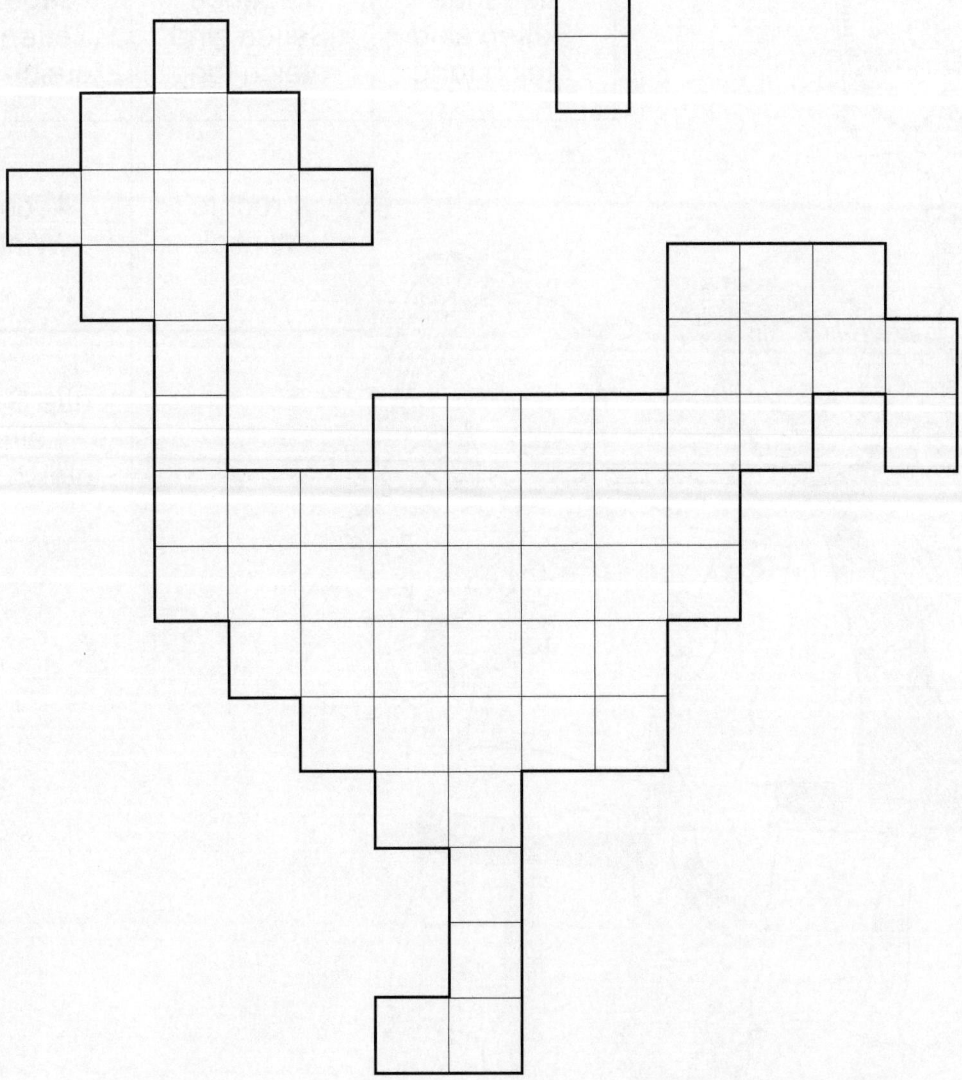

Punkte: ____ | 2

Übersicht: Vierecke und ihre Eigenschaften

Viereck	Trapez	Parallelogramm	Rechteck	Quadrat
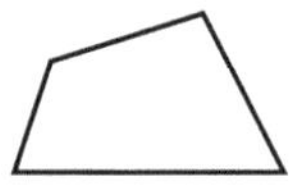			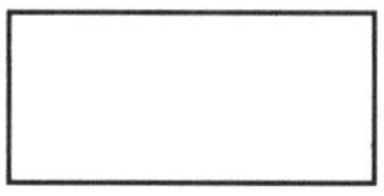	
4 Ecken 4 Seiten	4 Ecken 4 Seiten	4 Ecken 4 Seiten	4 Ecken 4 Seiten	4 Ecken 4 Seiten
	nur 2 gegenüber-liegende Seiten sind parallel	gegenüber-liegende Seiten sind parallel	gegenüber-liegende Seiten sind parallel	gegenüber-liegende Seiten sind parallel
		gegenüber-liegende Seiten sind gleich lang	gegenüber-liegende Seiten sind gleich lang	gegenüber-liegende Seiten sind gleich lang
			4 rechte Winkel	4 rechte Winkel
				alle Seiten sind gleich lang

Lösungen

Seite 17

1. a)

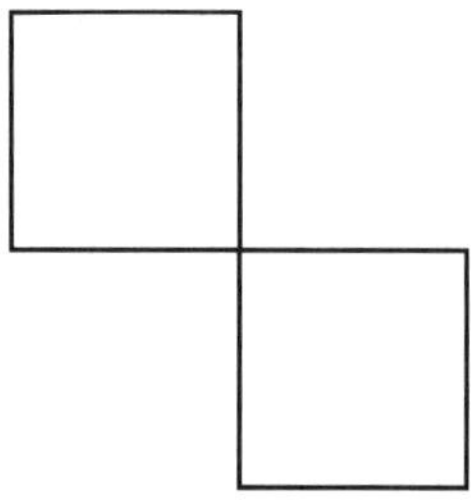

b)

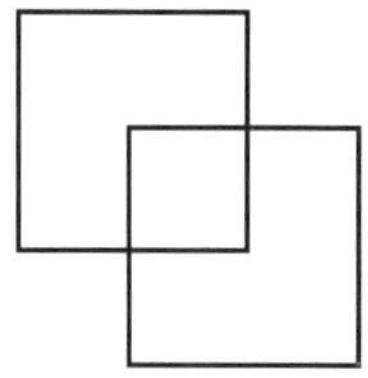

c)

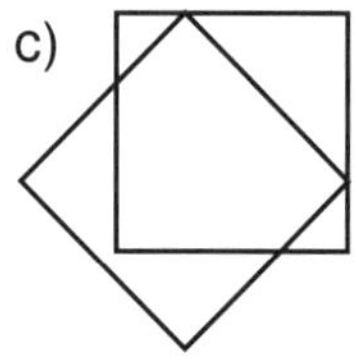

d)

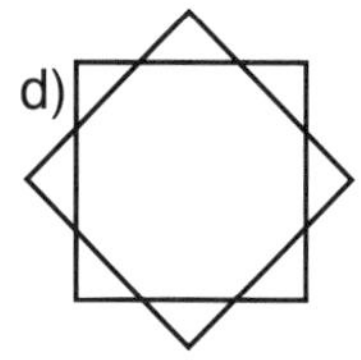

2. a) 6 Quadrate

b) 16 Dreiecke

c)

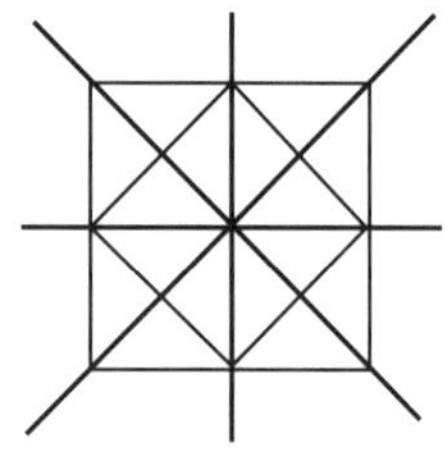

3.

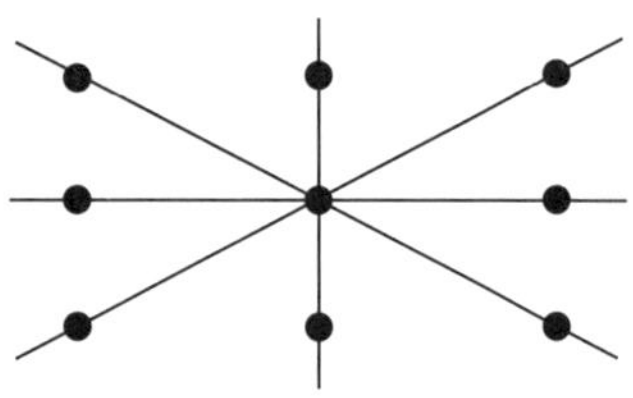

4.

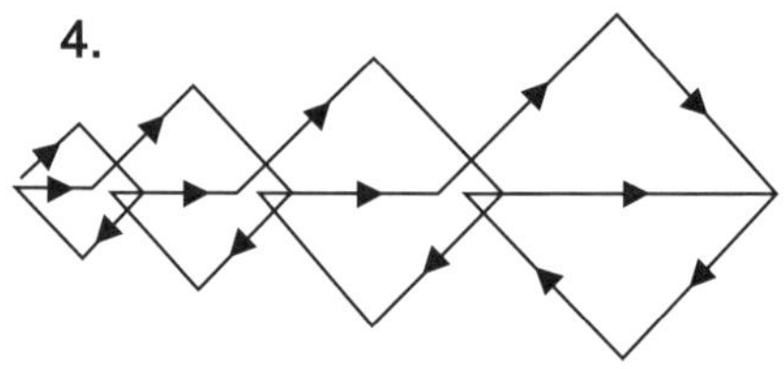

Seite 24

2.

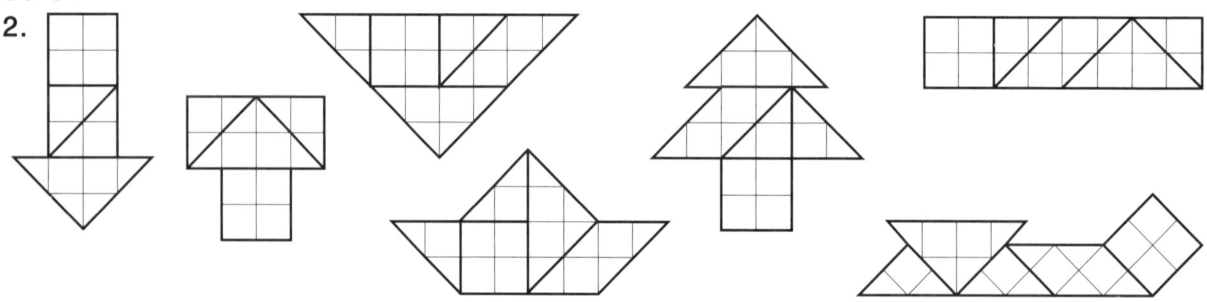

Seite 39

1. b)

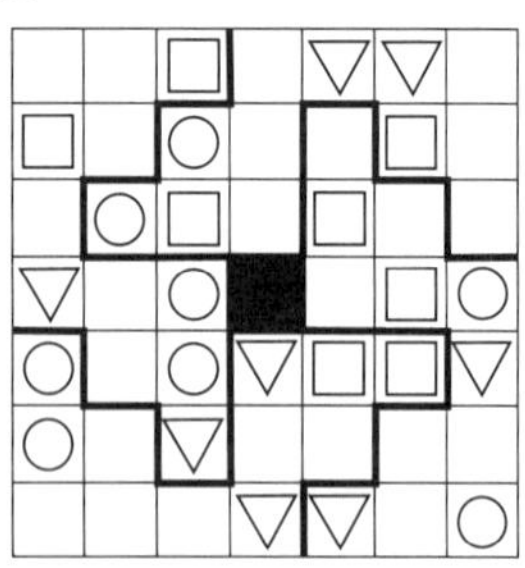

3.

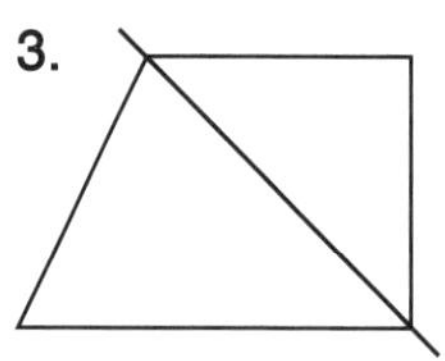

3 Ecken

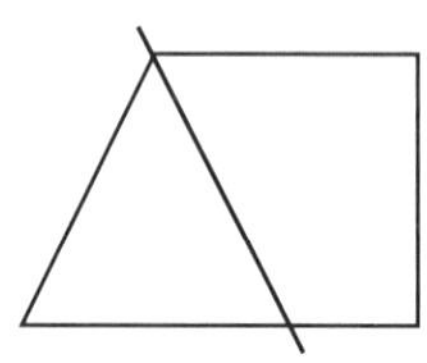

4 Ecken

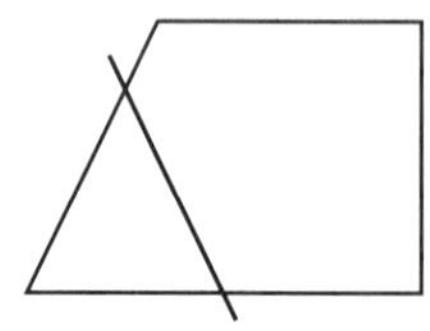

5 Ecken

Seite 40 und 41

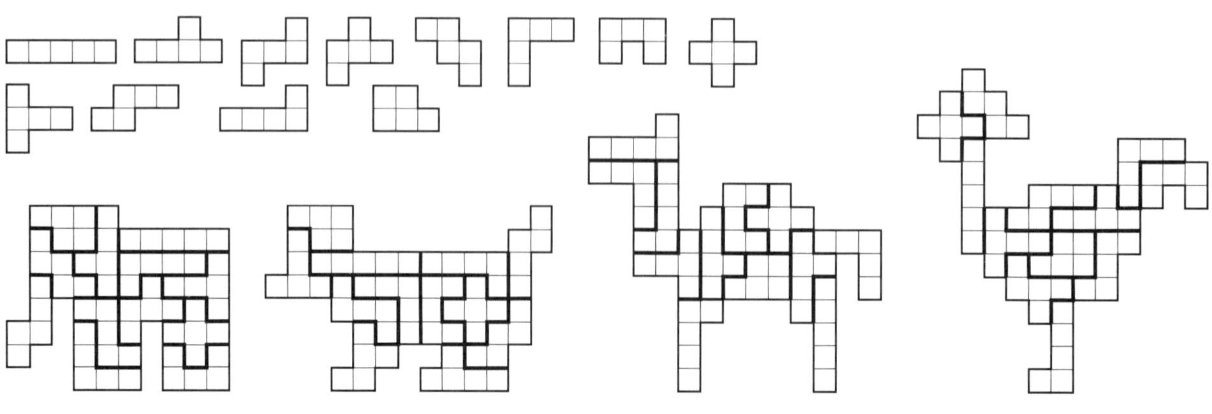

Punkteverteilung für den
Geometrie-Pass 3. Klasse

Seite:	Punkte:
1	____ von 2
2	____ von 3
3	____ von 3
4	____ von 4
5	____ von 3
6	____ von 3
7	____ von 3
8	____ von 3
9	____ von 4
10	____ von 3
11	____ von 2
12	____ von 2
13	____ von 2
14	____ von 2
15	____ von 4
16	____ von 4
17	____ von 4
18	____ von 3
19	____ von 2
22	____ von 2
insgesamt:	____ von 58

Punkteverteilung für die
Urkunde für Geo-Profis

Seite:	Punkte:
23	____ von 2
24	____ von 4
25	____ von 2
26	____ von 2
27	____ von 2
28	____ von 2
29	____ von 3
30	____ von 3
31	____ von 3
32	____ von 4
33	____ von 4
34	____ von 3
35	____ von 2
36	____ von 4
37	____ von 5
38	____ von 4
39	____ von 3
40	____ von 5
41	____ von 2
insgesamt:	____ von 59

Herzlichen Glückwunsch
zum

Geometrie-Pass
der 3. Klasse

Name

Punkte

Ort, Datum | Lehrer/in | Schulstempel

Schroedel

Urkunde

Geo-Profi

Name

Punkte

Ort, Datum | Lehrer/in | Schulstempel

Schroedel